명상 1.0

명상 1.0

성진수 지음

스트레스를 이기는
깊은 휴식과 이완의 기술

바른북스

: 명상의 길을 찾는 분들에게 드립니다

이 책은 '스트레스 관리를 위해 명상을 자기 스스로 수련하려는 사람들'에게 구체적인 방법과 요령을 제시하는 길라잡이 같은 것이다. 내가 그랬듯이 명상을 처음 하는 사람들은 누구나 겪는 초보자의 여러 가지 문제들을 똑같이 겪을 가능성이 크니 참고가 될 수 있을 것이다.

사업이나 직장생활, 또는 장기간 공부를 하는 경우 모두 다 스트레스는 중대한 장애요인이 되지만 여기서 제시하는 명상 방법을 익히면 상당 부분 극복할 수 있으니 참고하면 된다.

여기서 제시하는 방법과 요령들을 나 스스로 나름대로 터득하고 과학적인 원리를 이해하기까지 수년간의 세월이 걸렸다. 명상을 수련하고 약 5년간 일지를 써왔으며 많은 서적을 통해서 명상 수련으로 내게 일어난 현상들의 원리를 찾아보았다. 그리고 명상을 수련해 온 수년간의 전체 과정을 다시 돌아보고 복기하면서 그 과학적인 인과관계를 확인하는 과정을 거쳤다.

내가 명상을 시작했을 때는 40대 중반, 스트레스와 피로에 시달려서 어찌 보면 살아간다는 그 자체에 지쳐가고 있을 때였다. 여러 경로로 명상이 스트레스 관리와 정신건강에 좋다는 얘기를 듣기는 했는데 어떻게 시작해야 할지 막막했었다.

막연하게 인터넷을 뒤지는 도중에 미국 하버드대학교 의과대학 심장 전문 의사인 허버트 벤슨(Herbert Benson) 박사에 의해 1975년에 창시된 '이완반응훈련'이라는 명상법을 알게 되었고 시작하게 되었다.

지금 생각해 보면 운이 매우 좋았던 것이 그 시점에 우리나라의 출판사에서 출판된 지 10년이나 되었던 벤슨 박사의 책 《마음으로 몸을 다스려라》(동도원 출판사, 2006년)을 구입할 수 있었고 이 책을 교과서로 해서 나 스스로 명상 수행을 계속해 왔다. 그리고 그 명상을 수련하면서 약 5년간 명상일지를 써왔다. 그 일지는 내가 지금 이 글을 쓰는 데 있어서 자세한 참고가 되었다.

지난 몇 년간의 나의 수련과정 전체를 되돌아보니 명상 수련을 처음 시작하는 사람들은 다음의 세 가지를 반드시 알고 수련해야 한다고 결론 내렸다.

첫째, 명상을 수련할 때 명상이 제대로 잘 진행되고 있는지 스스로 확인할 수 있어야 한다는 것이다.

이 명상은 '이완반응'이라는 인체에 내장된 생리 반응을 끌어내는 것이기에 수련할 때마다 이완반응이 제대로 일어나고 있는지 확인할 수 있어야 하고 그래야 계속해서 명상 수련을 계속할 수 있다. 미국의 의사이자 베스트셀러 작가인 리사 랭킨은 '이완반응'을 '인체의 자가회복

기능'이라고 설명한다.[1]

다행히도 이완반응을 성공적으로 끌어내고 있다는 것은 부교감신경
이 활성화된 소화 기관들의 반응과 호흡(속도 및 호흡량)을 통해서 확인
할 수 있다.

두 번째로, 명상 수련 시간에 대한 것이다.

1회 수련 시 어느 정도의 시간이 적당한가에 대한 것이다. 단적으로
말해서 수련 시간보다는 이완반응을 정확하게 끌어내는 것이 더 중요
하다. 그리고 사람마다 노화의 정도, 스트레스의 강도에 따라 자신의
적정 시간을 스스로 찾아야 한다.

이완반응을 끌어내고 날숨 후에 '호흡정지'가 나타나는 때로부터 10
분 이상을 유지하는 것이 좋다. 그리고 이때 감정과 욕구가 잘 일어나
지 않는 '깊은 이완 상태'로 진입하는 것이 가장 이상적인 시간이다. 이
것은 20분이 될 수도 있고 40분이 될 수도 있다. 매일 명상을 수련하
고 수련 누적 시간이 쌓일수록 '호흡정지'와 '깊은 이완 상태'에 도달하
는 시간은 짧아진다.

세 번째, 명상 수련을 잘하는 방법이다.

이 부분은 오랜 세월 써왔던 나의 명상일지가 큰 도움이 되었다. 1.
매일 수련하고, 2. 그때마다 이완반응을 정확하게 끌어내며, 3. 가급적
이면 깊은 이완 상태로 진입한다는 것이다. 1번 2번은 필수이고 3번은
권장 사항이다. 빠르게 성과를 보고 싶으면 3번도 필수사항이 된다.

명상을 하면 무엇이 좋을까?

지난 수년간 명상을 꾸준히 해왔던 내 경험을 바탕으로 말하자면

---

1 참고—《치유 혁명》, 리사 랭킨 지음, 시공사, 2014년

한마디로 '명상을 하면 사는 것이 한결 편해진다.' 바꾸어 말하면 몸과 마음에서 불편하고 힘들었던 것들이 많이 사라지고 한결 살아가는 그 느낌이 나아진다는 것이다.

이런 변화는 초창기 3개월 정도까지는 하루하루 확실하게 느낄 수 있고 이후 수년이 지나서 되돌아보면 확실히 스스로 변했다는 것을 느낄 수 있다.

실제로 명상이 몸과 마음에 유익하고 건강에 도움이 된다는 과학적 연구 결과와 근거는 차고 넘친다. 명상에 대한 과학적 연구가 매우 활발한 미국에서는 의사들이 환자들 치료를 위해 명상을 처방하고 수련프로그램을 운영하기도 한다. 간단한 명상 수련을 하루 한두 번 20~30분 정도씩 실행하는 것으로 사는 것이 한결 편해지는 것이다.

어떤 명상을 해야 할까?

어떤 명상을 수련해야 할지 선택하는 것은 매우 중요하다. 기왕이면 과학적으로 검증된 것이 좋을 것이다. 세상에는 정말 많은 종류의 명상법이 있는데 스트레스 관리를 목적으로 과학적으로 연구되고 그 효과가 검증되어 미국 의료현장에서 쓰이는 것은 대표적으로 다음의 두 가지가 있는 것으로 알고 있다.

● MBSR(Mindfulness Based Stress Reduction)
● 이완반응훈련(Relaxation Response Practice)

이 두 가지 중에 내가 수련해 왔기에 여기서 소개하려고 하는 것은 바로 이완반응훈련이다(MBSR은 한국에서 '마음 챙김'이라는 이름의 명상훈련으로 알려져 있다).

허버트 벤슨 박사는 고혈압과 마음(스트레스)의 상관관계에 대하여 연구하던 도중 '초월명상'이라는 명상 방법을 과학적으로 연구하고 간결하게 다듬어서 이 이완반응훈련 명상법을 만들어냈다. 이완반응은 모든 명상 방법에 공통적인 요소이다. 이완반응이 일어나지 않는 명상은 아마도 명상이 아닐 것이다.

벤슨 박사가 이완반응에 대하여 1975년 최초로 출판했던 책(《The Relaxation Response》)은 출판과 동시에 미국에서 베스트셀러가 되었고 전 세계 13개 언어로 번역, 출판되어 무려 약 400만 권 정도가 팔렸다고 한다.

또한, 벤슨 박사의 명상에 대한 연구는 이후에 하버드대학교 의대 후배들에게 인정받아 '20세기 하버드 의대에서 이루어진 가장 위대한 5대 연구' 가운데 하나로 선정되기도 했다(2000년, 하버드 의대 동문회보 겨울호에서 선정. 흥미롭게도 스트레스에 대한 월터 캐넌 박사의 연구도 이 중의 하나이다. 그만큼 스트레스와 이완은 현대 의학에서 중요하다는 방증일 것이다).

명상을 어떻게 시작하고 지속해야 할까?

나는 이 책에서 아주 실제적으로 명상을 설명하고자 한다. 구체적으로 언제 어떻게 명상을 해야 하는지, 명상을 할 때 수련 시간, 그리고 명상을 제대로 하는지 스스로 확인하는 방법과 명상을 수련하면서 또는 수개월 이상 지속하면서 겪을 수 있는 현상들과 대처 방법을 현실적으로 설명하고자 한다. 그리고 명상 수련에서 가장 까다로운 방해 요인인 잡념을 어떻게 다루어야 하는지 현실적인 방안을 제시하고자 한다.

마치 자전거 타기나 등산을 설명하는 것처럼 실제적인 부분만을 중심적으로 다룰 것이다. 하나하나 자신에게 적용해 보고 맞추어나가면 그다지 어렵지 않게 명상 수련을 실시하고 이완반응을 스스로 일으킬 수 있을 것이다. 일단 이완반응을 스스로 일으키는 데 성공하면 매일 매일 계속 반복하면 된다. 매우 단순하다.

현실적인 목표에 충실해야 한다

명상을 수련하면 현실적이고 중요한 능력을 얻게 된다. 바로 스트레스로부터 몸과 마음을 지키는 능력(자기 몸의 '스트레스 반응'을 해제하는 능력)이다. 명상으로 끌어내는 이완반응은 만성적인 스트레스의 해로움을 해소하는 중화제이자 치료제 같은 역할을 한다고 벤슨 박사는 강조한다. 따라서 스스로 언제든지 이완반응을 끌어낼 수 있도록 해야 한다.

초기에 명상을 수련해서 이완반응을 끌어내면 그때마다 마치 약물 주사를 맞는듯한 강렬한 느낌이 든다. 그만큼 진정효과와 이완효과가 강하다는 것이다.

이것은 명상으로 자신의 자율신경계를 일정 정도 스스로 통제하는 능력을 가지게 되었다는 것을 의미하며 이 능력이 명상 수련(이완반응훈련)을 통해 터득해야 하는 가장 중요한 능력이다. 이 능력이 위에서 말한 '자기 몸의 스트레스 반응을 해제하는 능력'이며 바로 이 능력으로 앞으로 살아가면서 스트레스를 잘 막아내고 이겨낼 수 있게 된다.

자기 몸의 '스트레스 상태'를 '이완 상태'로 돌린다는 것은 많은 것을 포함한다. 혈액순환은 물론이고 호르몬과 면역기능, 뇌파 변화와 만성적인 불안의 진정을 비롯해서 자기 몸의 물리적, 화학적, 전기적인 상태를 모두 변화시킨다. 어마어마하게 들리겠지만 이런 정도는 명상을 꾸준히 하면 누구나 달성할 수 있는 것이니 단지 계속하면 된다.

나는 수년간 명상을 수련해 왔지만 이른바 명상의 고수 반열에 오를 수 있는 사람은 아니다. 하지만 초보자가 겪어야 할 것들을 겪어보았기에 그 경험과 꿀팁들을 나누고자 하는 것이다.

시간이 허락하는 대로, 아니 매일 시간을 만들고 명상을 수련하여 스트레스를 이겨내는 깊은 휴식과 이완의 기술을 터득하기를 바란다. 많은 이익이 기다리고 있다.

(참고) 허버트 벤슨 박사가 명상과 이완반응에 대하여 1975년 미국에서 최초로 출판했던 책(《The Relaxation Response》)은 2000년에 개정판이 출판되었는데 그 개정판이 우리나라에서 다음의 두 가지 버전으로 출판되었다. 읽어보기를 권한다.

 ○ 마음으로 몸을 다스려라(허버트 벤슨 지음, 동도원 출판사, 2006년)
 ○ 이완반응(허버트 벤슨 지음, 페이퍼로드 출판사, 2020년)

또한 이완반응을 스스로 수련했던 전 서울대학교 심리학과 교수이신 장현갑 박사님의 아래의 책도 이완반응에 대하여 핵심적인 원리를 잘 설명하고 있으니 참고하기 바란다.

 ○ 명상에 답이 있다(장현갑 지음, 담앤북스 출판사, 2013년)

C O N T E N T S

머리말 :

명상의 길을 찾는 분들에게 드립니다

명상과 이완반응에 대한 이해

• • •

마음이 급한 사람들은 바로 〈둘째 마당. 명상 실습〉으로 넘어가도 상관없다. 이 장에서는 이 명상에 관한 소개와 명상이 이완반응을 끌어내는 원리를 다룰 것이다.

이완반응을 끌어내는 방법을 터득하고서 이 장을 읽는 것도 나쁘지는 않다. 다만 이 장의 설명을 이해하면 명상 수련을 더 깊이 이해하고 바로 그만큼 더 잘할 수 있다.

1

이완반응훈련
명상의 성립 과정 :
스트레스와 가짜 고혈압

이완반응훈련 명상의 창시자인 허버트 벤슨 박사는 우리나라와는 지구 반대편에 있는 미국의 하버드대학교에서 연구하고 지금보다 한참 앞선 1970년대부터 연구를 해오신 분이지만 사실 우리 생활 속 바로 옆에 있는 것과 같이 가까운 사람이다. 특히 우리가 쓰는 말이 그렇다.

우리가 흔히 스트레스 때문에 화가 날 때 '열받는다' 또는 '혈압이 오른다'는 표현을 쓰는데 '스트레스가 혈압을 올린다'는 사실을 과학적으로 연구하고 검증한 최초의 연구자가 바로 벤슨 박사이다.

지금이야 '스트레스가 병을 일으킨다'는 사실이 당연시되는 얘기지만 박사가 한창 연구를 시작하던 1960년대 후반에는 '스트레스가 인체에 영향을 미친다'는 견해는 '의학적 이단'으로 취급받았다고 벤슨 박사는 회고했다.

바로 이 벽을 돌파하여 '스트레스가 인체의 질병을 일으킨다'는 사실을 검증해 내고 반대로 '이완으로 스트레스를 무력화하여 질병을 치유할 수 있다'는 과학적 연구의 길을 맨 앞에서 개척해 온 사람이 바로 허버트 벤슨 박사이다.

그렇다면 벤슨 박사는 왜, 어떻게 이런 연구를 시작하게 되었을까?

1968년 연구를 시작하기 전에 벤슨 박사는 심장 전문 의사로 일하고 있었는데 자신이 고혈압약을 처방한 환자들이 부작용(현기증, 실신 등)을 경험하고서 제기하는 불만에 시달렸다고 한다. 그리고 이런 부작용들은 혈압약으로 인해서 혈압이 지나치게 떨어진 데서 오는 부작용이었다고 한다. 즉, 과잉 투약되었다는 것이다.

이것이 자신만의 문제가 아니라 고혈압 치료 과정에서 매우 흔한 현상이라는 것을 알게 된 박사는 '백의 고혈압'이라는 가짜 고혈압을 의심했다. '백의(白衣, white coat) 고혈압'은 말 그대로 흰색 옷에 대해 반응하는 고혈압을 말하는데 '진료실에서 흰색 가운을 입은 의사나 간호사가 혈압을 측정하면 실제 혈압보다 높게 나온다'는 것이며 이 개념은 당시 미국 의료계에서도 공공연하게 알려졌었다고 한다.

이 과정에서 '환자들이 느끼는 긴장감이 혈압을 일시적으로 올렸고 그 수치에 따라 처방한 혈압약은 과잉 투약이 된 꼴이었다'는 것을 의심한 벤슨 박사는 의학계에서 아무도 이것을(긴장감이 일시적으로 혈압을 올리는 이유) 연구한 사람이 없다는 것을 알게 되었고 자신이 직접 연구에 나서게 된다.

박사는 우선 원숭이를 이용해 '두뇌의 힘만으로 원숭이가 원숭이 자신의 혈압을 조절할 수 있다'는 연구를 진행해 검증해 내었고 이 연구 결과를 미국의 저명한 학술지에 공개했다(미국 생리학저널, 1969년 7월).

이런 박사의 연구와 그 결과를 지켜보던 한 명상 단체(T.M-초월명상)는 박사에게 접근해서 자신들이 명상을 할 때 혈압이 내려가니 초월명상을 연구해 달라고 요청했으나 박사는 처음에 거절했다고 한다. 그러나 꾸준하고 집요한 초월명상 단체의 요청으로 결국 박사는 연구에 착수하게 된다.

1970년, 박사는 초월명상 재단의 지원금 30만 달러를 받게 되었다고 하는데 박사의 또 다른 책에서 이는 2010년 기준으로 약 150만 달러 이상의 금액이었다고 한다.[1]

초월명상 재단으로부터 연구자금과 실험 대상이 될 사람들을 지원받은 박사는 1974년까지 원숭이가 아닌 사람의 혈압을 대상으로 연구를 이어가게 된다. 관련 연구를 지속한 박사는 1971년 세계 최대 학술지 《사이언스(SCIENCE)》에 발표한 논문을 통해서 '고혈압 환자가 두뇌의 힘으로 혈압을 떨어뜨릴 수 있다'는 연구 결과를 발표했다.

---

1 참고-《이완혁명》, 허버트 벤슨 지음, K-BOOKS 출판사, 2013년

이어서 1974년 세계 최고 클래스의 의학 학술지인 《란셋(LANCET)》
에 발표한 논문을 통해

−초월명상으로 이완반응을 끌어내 혈압을 떨어뜨릴 수 있고

−이완반응을 끌어내는 수단은 초월명상 외에도 다른 방법이 있음
을 공개하였다.

바로 여기서 이완반응훈련의 구성 요소가 공개된다.

이 연구에 깊은 인상을 받은 한 출판 에이전트가 박사에게 제안하
여 이완반응을 다룬 책을 내게 되었는데 그 책이 바로 《이완반응(The
Relaxation Response)》(1975년)이다.

이 책은 미국에서 의학 관련 서적으로는 최초의 베스트셀러로 기록
되었으며 이후 전 세계 13개 언어로 번역되어 약 400만 권이 판매되었
다고 한다(그 13개 언어 중에 한국어가 있다는 것이 대단하다. 이 책을 한국어로 쉽
게 읽을 수 있는 것은 대단한 행운이다).

바로 이 책을 통해서 초월명상법을 개조해서 누구나 활용할 수 있
는 이완반응훈련 명상 방법이 공개되었다.

··· 이완반응훈련 명상의 어머니, 초월명상

허버트 벤슨 박사가 이완반응훈련 명상을 창시하고 과학적 효과를
연구해서 검증한 아버지와 같다면 초월명상은 마치 어머니와 같은 역
할을 했다. 초월명상 재단은 허버트 벤슨 박사에게 초월명상을 과학적
으로 연구해 줄 것을 요청하면서 막대한 연구자금과 실험 대상이 될

수 있는 사람들까지 지원했다.

또한 초월명상 기법은 이완반응훈련 명상의 모체가 되었다. 박사는 서구의 과학자답게 초월명상 기법의 구성 요소를 분해한 후 재조립하여 과학에 기반한 훈련용 명상법을 만들어냈다.

박사는 초월명상을 과학적으로 연구하기 전에 초월명상의 전 세계적인 지도자인 '마하리쉬 마헤시' 요기(Maharishi Mahesh Yogi, 1917~2008)를 만나서 연구 결과가 초월명상 측의 예측과 달리 불리하게 나와도 문제를 제기하지 않겠다는 약속까지도 받아냈다고 한다.

그렇다면 여기서 의문이 하나 생긴다. 초월명상의 지도자 마하리쉬 마헤시는 어떻게 자금과 사람을 지원하고도 어찌 보면 자신에게 불리한 약속까지 할 수 있었을까 하는 의문이다.

그것은 그가 애초에 대학교에서 물리학을 전공한 사람이었다는 점을 생각해 보면 이해하기 쉽다. 수십 년간 엄격한 요가 수련을 해왔던 사람으로서 스스로 과학과 명상이 결합된 수련자의 삶을 살아왔기에 깊은 확신이 있었으리라 생각된다.

여담이지만 영국의 전설적인 밴드 비틀즈(The Beatles) 멤버들이 명상에 깊이 매료된 적이 있었는데 그것이 바로 초월명상이었고 초월명상의 지도자 마하리쉬 마헤시가 직접 비틀즈 멤버들에게 명상을 지도하였다고 한다. 비틀즈 멤버들은 우연히 영국에 강연차 방문한 마하리쉬 마헤시의 강연에서 깊은 감명을 받고 초월명상에 입문하게 되었다고 한다.

허버트 벤슨 박사는 자신의 책에서 초월명상으로부터 요청받은 것, 그들과의 관계, 지도자 마하리쉬 마헤시에 대해 자세히 기술하였다. 그리고 자신의 연구를 지원해 준 것에 대해서 초월명상 측에 깊은 감사를 표하였다. 초월명상이 있었기에 벤슨 박사가 이처럼 쉽고 강력한 이완반응훈련 명상을 탄생시킬 수 있었다.

2 ◗

이완반응훈련
명상의 이익(목적) :
스트레스 반응의 해소

머리말에서 얘기했지만 이 명상훈련의 이익(목적)은 스트레스의 해소이다. 좀 더 정확하게 말하자면 몸의 '스트레스 반응'을 해소하는 것이다. 일시적인 스트레스 반응을 해소하는 것을 넘어서 고착화된 스트레스 반응을 해소해 버리는 것이다.

스트레스를 잘 관리하면, 즉 몸에 자리 잡은 스트레스 반응을 잘 해소하면 소화도 잘되고, 잠도 잘 자며, 마음의 우울감도 덜하다. 마음이 다소 담담하고 심지어 심심해지기까지 한다. 몸과 마음이 정상으로 작동한다는 것이다. 직접적으로 느낄 수 있는 것은 이 정도이다.

하지만 나의 주관적인 느낌도 그렇고 과학자들의 연구도 이완반응을 매일 일으키는 것은 '스트레스 반응의 해소' 그 이상의 더 깊고 강한 이익이 있다고 할 수 있다. 미국의 의사이자 작가인 리사 랭킨은 자신의 책 《치유 혁명》(시공사, 2014년)에서 이완반응훈련의 이익을 이렇게 말한다.

"이완반응이 일어나면 부교감신경이 작동한다. 이렇게 이완된 상태에서만 인체의 자가회복 기능이 작동해 인체의 고장 난 부분을 복구한다. 이것이 자연스러운 인체의 방식이다."

아주 핵심적이고 중요한 설명이다. 즉, 이완반응을 자주(매일) 끌어내는 행위를 하면 스트레스 반응으로부터 몸을 방어할 뿐만이 아니라 더 나아가 자가회복과 복구하는 작용이 일어난다는 것이다.

이 과정 전체를 이해하기 위해서 우선 스트레스와 스트레스 반응에 대해 알아보자. 소화불량이나 불면증 등 일상의 고통들은 장기간에 걸쳐 반복적으로 일어나는, 만성적인 스트레스 반응 때문에 생겨난다. 때문에 스트레스에 대해 더 잘 알면 더 잘 다룰 수 있게 된다. 정말로 아는 게 힘이 된다.

··· 스트레스, 스트레스 반응

스트레스 반응은 원래 위기 상황에서 인간의 몸에 나타나는, 또는 반드시 나타나야만 하는 반응이다. 《스트레스》(사이언스북스 출판사, 2008년)의 저자 로버트 새폴스키는 이 책에서 "스트레스 반응은 꼭 필요한 것이기에 일어나는 것"이라고 설명하였다.

캠핑을 가서 숲길을 가다가 덩치 큰 떠돌이 개 여러 마리를 만났다고 가정해 보자. 이때에 두려움을 느낀 우리 몸에는 격렬한 신체활동을 위한 반응들이 나타난다.

싸우거나 뛰어서 도망치기 위한 준비가 갖춰지고 또 그래야만 한다. 격렬하고 폭발적인 근육의 움직임을 위해 심장박동이 더 빨라지고, 호흡이 빠르고 거칠어지며, 온몸의 근육은 잔뜩 긴장한다. 벤슨 박사가 밝힌 대로 심박수가 높아지고, 혈압이 높아지며, 호흡이 빨라져서 산소 소비량이 늘어난다(이것이 스트레스 반응이다). 그래야 그 개와 싸워서 물리치든지 도망치든지 할 수 있는 것이다.

문제는, 이런 스트레스 반응이 너무 자주 반복되거나, 일어난 스트레스 반응이 해소되지 않고 장기적으로 몸에 자리 잡는 것이다. 이런 상태를 '만성적 스트레스(chronic stress)' 상태라고 하는데 '스트레스가 모든 병의 원인이다'라고 할 때의 스트레스는 바로 이 '만성적 스트레스'이다.

··· 만성적 스트레스(chronic stress), 왜 해로운가?

수십 년간 전쟁을 치르는 국가가 있다고 가정해 보자. 그 나라의 세금과 젊은 사람들이 전쟁에 우선적으로 투입되느라 복지, 교육, 산업,

의료 등 필수적인 분야는 위축될 것이다.

만성적 스트레스에 시달리는 사람의 몸도 이와 비슷하다고 보면 된다. 국가의 자원이 세금과 사람, 장비 등이라면 인체의 자원은 '산소와 영양분'인데 이것들은 '혈액'을 통해서 운반된다. 즉, 혈액 자체가 자원이라고 볼 수 있다.

격렬한 신체활동(싸우기 또는 도망치기)을 위해 온몸의 근육으로 우선적으로 투입된 혈액은 모두 다른 소화기나 생식기 등의 혈액량을 줄이고 가져온 것이다. 한의사인 김순렬 박사는 "이렇게 줄어드는 혈액량이 최대 80%에 달한다"고 말하며 "이는 (소화 등) 기능을 줄이는 것과 같다"고 설명한다.[2]

혈액에는 산소와 영양분, 그리고 우리 몸 안의 군대이자 청소부인 백혈구들이 있는데 공급되는 혈액의 양이 줄어들면 이것들의 공급도 따라서 줄어드는 것이다. 만약 이렇게 만성적인 스트레스로 인해 혈액의 공급이 줄어드는 기간이 수년, 또는 10~20년의 상당히 긴 시간이라면 당연히 파괴적인 기능의 저하나 질병이 따를 수밖에 없을 것이다.

특히, 백혈구는 우리의 몸 안으로 침투한 이물질과 세균 등을 제거하는 역할을 한다고 하는데 심각한 면역력의 손실이 일어난다고 볼 수 있을 것이다. 또한 특정 백혈구가 바이러스에 점령당한 세포나 암

---

2 출처-《혈액순환 장애와 자율신경 실조증》, 김순렬 지음. 들꽃누리 출판사, 2014년

세포를 제거하는 역할을 한다는 점을 생각해 보면 위태롭기까지 하다고 보여진다.

위의 얘기들을 보면 '일시적인 스트레스 반응'이 해소되어 혈액의 공급이 정상화되면 문제가 생기지 않겠지만 '만성적인 스트레스'는 장기적으로 혈액의 흐름을 불균형하게 만들어서 문제가 생길 확률을 높일 수 있다는 점을 분명히 알 수 있다.

대표적인 혈액순환의 문제를 들여다보았는데 만성적인 스트레스는 이 외에도 치명적인 문제들을 몇 가지 더 일으킨다. 일본의 면역학자 아보 도오루 박사의 설명에 따르면 백혈구의 면역기능이 상당히 저하된다고 한다.[3]

… '스트레스 반응'에 대해 알아야 할 단 하나, '해소 방법'

목이 마른 이유는 여러 가지가 있을 수 있지만 물을 마시면 갈증은 해소된다. 갈증에 대한 해결책은 그 하나로 충분하다. 마찬가지로 스트레스 반응을 일으키는 이유는 여러 가지지만 그 반응을 해소해 버리면 그만이다.

우리는 흔히 상당히 불쾌하거나 압박감을 느끼는 상황을 뭉뚱그려

---

3   참고-《암을 이기는 면역요법》, 아보 도오루 지음, 중앙생활사, 2011년

"스트레스받는다"라고 표현하는데 그 원인이 되는 스트레스 요인도 여러 가지 상황으로 살펴볼 수 있다. 스트레스 요인은 스트레스 반응을 일으키는 것으로서 주로 사건이나 상황 또는 사람이다. 직장 상사에게 왕창 깨지는 상황이나 이유 없이 딴지를 거는 진상급 상사를 생각하면 되겠다.

어떤 경우에는 스트레스 요인이 자기 자신의 생각에서 발생하기도 한다. 불쾌감을 줬던 사람과의 기억, 돌아오는 카드 대금을 메꿀 걱정, 면접시험에 대한 불안감 같은 것들이 스트레스 요인이 되기도 한다. 영화나 드라마 또는 스포츠 중계를 보면서 스트레스 반응이 일어날 수도 있다. 나는 주로 말도 안 되는 뉴스를 볼 때 화가 많이 나는 것을 느낀다.

이렇게 따져보면 스트레스 요인은 자신의 내부, 외부 모두에서 발생한다고 볼 수 있는데 어디에서 발생했느냐에 상관없이 모두 우리 몸에 스트레스 반응을 일으킨다.

그런데, 그런 원인이 무엇이든지 스트레스 반응을 해소해 버리면 그만이다. 바로 '이완반응'을 일으키면 스트레스 반응은 해소되고 무력화되는 것이다. 허버트 벤슨 박사는 이에 대해 자신의 책 《이완반응》(페이퍼로드 출판사, 2020년)에서 "이완반응훈련(명상)을 수련하면 이러한 스트레스 반응을 중화, 상쇄하여 해소할 수 있다"고 분명히 밝히고 있다.

이완반응을 끌어내면 스트레스 반응은 사라진다.

이완반응훈련 명상의 핵심은 스트레스 반응을 차단하고 해소하는 것이다. 자신의 의도대로 자기 몸에 일어난 스트레스 반응을 그때그때 해소해 버리는 것이다.

허버트 벤슨 박사는 앞의 책에서 '스트레스 반응(투쟁-도피 반응)이 인간에게 존재한다면 그와 상반된 선천적 생리 반응도 존재한다면서 이것은 인간의 의도대로 끌어낼 수 있는 것이고, 그것이 스트레스 반응의 효과를 상쇄한다'고 못 박고 있다. 바로 그것이 '이완반응'이다. 그리고 그 반응, 즉 이완반응을 끌어내기 위한 훈련법을 제시하고 있는데 그것이 이완반응훈련 명상이다.

조금 길지만 스트레스 반응에 대해서 알아보았다. 그렇다면 이런 스트레스 반응과 이완반응은 인체의 어떤 기관에서 어떻게 일어나는 것인지 기왕이면 이것까지 알고 가는 것이 좋다. 훈련의 목표를 더 명확하게 알고 가자는 것이다. 자율신경계(교감신경-부교감신경)에 대해 알아보자.

3 ◗

명상은 자율신경계를
길들이는 훈련

우리 몸을 지배하는 자율신경계(교감신경-부교감신경)는 앞으로도 계속 나오는 용어이고 중요한 개념이니 간단하게라도 이해하고 넘어가는 것이 좋다. 명상은 궁극적으로는 자율신경계를 길들이는 훈련, 즉 교감신경의 활성도를 낮추고 부교감신경의 활성도를 높이는 훈련이다.

⋯ 인체의 자율신경계

자율신경계라는 말은 의학용어인데 여기서 '자율'의 의미는 '인간의 의지와 상관없이 자율적으로(독립적으로) 움직인다'는 의미이다. 위기 상황에서 교감신경계가 자율적으로 움직여서 심장박동, 혈압, 호흡수를 높여서 신체가 격렬하게 움직일 수 있도록 준비하는 상황을 생각하면 되겠다.

자율신경계(교감신경–부교감신경)는 인체의 거의 모든 곳에 함께 이중으로 깔려있으면서 상반되게 작동한다. 예를 들어 위기 상황에서 심장의 교감신경이 활성화하면 심장박동이 빨라지고, 위기를 넘기고 휴식하는 상황에서는 심장의 부교감신경이 활성화되면서 심장박동이 느려진다.

위기 상황(스트레스 상태)**에서는 교감신경이 활성화되고**
휴식 상황(이완 상태)**에는 부교감신경이 활성화된다.**

앞에서 스트레스 반응과 이완반응의 상반된 관계를 살펴보았는데 교감신경과 부교감신경의 관계도 비슷하다. 간단히 보자면 이렇게 이해하면 된다.

*스트레스 반응–교감신경 활성도가 높아짐
*이완반응–부교감신경 활성도가 높아짐

톰 오브라이언 박사의 책 《당신은 뇌를 고칠 수 있다》(로크미디어 출판사, 2019년)에 교감신경과 부교감신경의 두 신경계가 각기 우세할 때 나타나는 현상을 다음처럼 설명한다.

*교감신경이 우세할 때(스트레스 반응)
: 빠르고 얕은 호흡, 심장박동수 증가, 긴장되고 경직된 근육, 동공의 확장, 제

한된 소화력, 불안하고 경계하는 마음(스트레스 원인을 밝히기 위해)

*부교감신경이 우세할 때(이완반응)

: 심호흡, 이완된 근육, 좋은 소화력, 침착한 마음

만성적인 스트레스(chronic stress) 상태는 교감신경계가 우세한 상태가 지속되는 것

앞에서 톰 오브라이언 박사의 책에 설명된 대로 교감신경이 우세한 상태가 지속되고 있는 것이 만성적인 스트레스에 시달리고 있을 때의 우리 몸의 상태라고 보면 된다.

제한된 소화력은 뭘 먹어도 잘 체하거나 소화를 잘 시키지 못해서 속이 더부룩하다고 느끼게 할 것이다. 약국에 붙어 있는 어느 소화제 광고에 "신경질 나서 소화나 되겠어"라는 말이 있는데 일맥상통한다.

늘 불안하고 경계하는 마음(스트레스 원인을 밝히기 위해)은 잠을 잘 이루지 못하게 할 것이다. 충분히 잘 자는 것이 건강에 미치는 영향을 생각하면 심각한 일이다.

부교감신경 활성도를 높여서 만성적인 스트레스 상태를 해소할 수 있다.

교감신경과 부교감신경의 관계는 놀이터의 시소처럼 상반되기 때문에 한쪽의 활성도가 올라가면 다른 한쪽의 활성도는 내려가고, 한쪽의 활성도가 내려가면 다른 한쪽의 활성도는 올라간다고 한다. 이런 것을 '길항 관계'라고 하는데 바로 이런 관계의 특성을 이용하여 만성적인 스트레스 상태(교감신경이 우세한 것이 지속되는 상태)를 끝내고 해소할 수 있는 것이다.

명상은 그중에 부교감신경 활성도를 높여서 이완반응을 끌어내고, 이 과정을 반복적으로 수련하여 부교감신경이 평소에도 지배적인 활성도를 유지하도록 하는 훈련이다. 그러면 만성적인 스트레스 상태(교감신경이 우세한 상태가 지속되는 상태)를 끝낼 수 있고 꼭 필요한 경우에만 교감신경이 활성화되도록 하는 것이다.

교감신경은 자동적으로 활성화되지만
부교감신경은 의도적으로 훈련해야 활성화된다.

두 신경계(교감신경과 부교감신경)는 활성화되는 방식에 있어서 근본적인 차이가 있다.

벤슨 박사의 설명에 따르자면 스트레스 반응은 자동적으로 즉시 일어나지만 이완반응은 자동적으로 일어나지 않고 인간이 의도적으로 일으켜야 일어난다고 했다. 즉 교감신경은 의도와 상관없이 자동적으로 활성화되지만 부교감신경은 자동적으로 활성화되지 않고 의도적으로 활성화시켜야 한다는 것이다. 왜 이런 차이가 발생하는 것일까?

앞에서 보았던 톰 오브라이언 박사의 책 《당신은 뇌를 고칠 수 있다》(로크미디어 출판사. 2019년)에 이에 관한 설명이 있는데 간단히 말하자면 원래 인체는 그렇게 설계되었다는 것이다.

이 책에서 박사의 긴 설명을 간단하게 줄이면
*교감신경은 위기 상황에만 가동될 목적으로 설계되어 두께가 얇아서 전류(신경 신호)가 즉시 전달된다.
*부교감신경은 대부분의 시간 동안 가동될 필요가 있기에 두께가 두껍고 이 두꺼운 물질들은 대부분 절연재라 전류(신경 신호)의 전달 속도가 느리다…는 것이다.

부교감신경은 원래 물리적으로 전류(신경 신호)가 느리게 전달되기에 즉시 자동적으로 활성화되지 않고, 의도적으로 활성화시켜도 다소 느리게 일어난다는 것이다. 또한, 장기적으로 스트레스를 오래 겪었거나 노화가 진행되는 경우, 그리고 이 두 가지가 같이 진행되는 경우 부교감신경을 활성화하는 데 어려움을 겪을 수도 있다.

부교감신경은 반복적인 명상훈련으로 충분히 활성화시킬 수 있고, 부교감신경이 지배적인 상태를 지속시킬 수 있다.

오랜 시간 강도 높은 스트레스를 겪어왔고, 게다가 노화까지 진행되는 나이라고 해서 크게 걱정할 일은 아니다. 이런 상태라고 해도 우리 몸에는 부교감신경계가 존재하고, 미약하게라도 가동되어 왔기 때문에 가동률을 점점 높여주면 된다. 명상으로 이완반응을 계속 끌어내는 훈련으로 충분히 가능하다.

다만, 단지 2~3주에 걸친 단기간의 훈련으로 가능하다고 생각하면 안 된다. 나이나 각자의 스트레스 정도에 따라 다르겠지만 명상훈련을 매일 할수록, 그리고 그 기간이 길어질수록 부교감신경 활성도는 높아지고 지배적으로 자리 잡는다.

그렇다면 명상은 어떻게, 어떤 원리로 우리 몸의 부교감신경계를 활성화시키는 것일까?

이 원리를 알면 명상 수련이 좀 더 쉽고 재미있어진다. 그리고 자신의 일상생활에서 스트레스 해소를 위해 해야 할 것과 하지 말아야 할 것을 스스로 알 수 있게 된다. 이제 바이오피드백의 원리에 대해 알아보자.

4

명상은 바이오피드백 장치들의 결합

명상을 '스트레스 반응을 해소하고 이완반응을 끌어내는 수단'으로만 본다면, 명상은 이완을 끌어내는 바이오피드백 장치들의 결합이다. 각각의 장치들이 결합해서 시너지 효과를 내고 이것이 강하고 깊은 이완 상태로 이끌어준다. 여기서 결합은 단순한 덧셈을 넘어서 곱셈에 가깝다. 간단한 공식으로 보자면 이렇다.

이완 상태(명상)=조용한 환경×편안한 자세×근육의 이완×정신적 집중

이 원리를 잘 이해하면 이완반응훈련 명상에 도움이 될 뿐만 아니라 언제 어떤 상황에서든지 자신의 몸과 마음을 이완시킬 수 있다. 물론 그때의 이완은 명상을 수련할 때만큼 강하지는 않지만 부분적으로 이완시킬 수 있다는 것이다. 명상 수련 시의 이완 상태를 100 정도로 본다면 50~80 정도의 이완은 충분히 끌어낼 수 있다. 그러자면 우선 바이오피드백이라는 개념을 이해하는 것이 도움이 된다.

··· 바이오피드백, 무엇인가?

바이오피드백은 일종의 자기조절 방법인데 쉽게 이런 경우다.

ー우리는 기분이 좋으면 웃는다. 그런데 그 반대도 가능하다.
ー웃으면 기분이 좋아지는 것이다.

이것이 바이오피드백의 간단한 기본 개념이며 여기서 '웃는다'는 것이 기분이 좋아지게 하는 '바이오피드백 장치'가 되겠다.
이런 과정을 통해 우리는 스스로를 조절할 수 있는 것이다.

사실은 무의식중에 우리는 이런 행위를 많이 하고 있다. 몸으로, 몸의 행위를 통해 기분을 바꿔주는 행동을 많이 하고 있다는 것이다.

기분이 나쁘거나 처지고 가라앉으면 우리는 산책을 하거나, 수다를 떨거나, 무엇을 먹거나, 음료수를 마시거나, 사우나를 가거나, 아니면 친구를 만나 간단하게 치킨에 맥주를 마시거나 등등 뭐 이런 행위들을 해본 경험들이 누구나 있을 것이다. 여기서 핵심은 '몸의 행위로 기분을 바꿔준다'는 것이다. 이것이 바이오피드백의 원리이다.

몸으로 마음(기분, 감정)을 바꾼다.

전문가들도 위의 우리 행위들의 정당성을 인정하고 있다.

《우울할 땐 뇌과학》(푸른숲, 2018년)의 저자이자 뇌과학자이며 우울증 전문가인 앨릭스 코브는 이 책에서 "몸이 하는 일에 따라 뇌의 활동이 달라진다. 몸과 감정은 일방통행로가 아니라 상호 영향을 주고받는다"고 설명한다.

그의 설명에 따르면 "자세를 바꾸거나, 얼굴의 긴장을 풀거나, 호흡 속도를 늦추는 것처럼 아주 단순한 행동이 뇌의 활동에 극적인 영향(!)을 미칠 수 있고 생각과 기분, 스트레스에도 영향을 미친다"고 명쾌하게 밝히고 있다.

또한 앨릭스 코브는 우울감을 날려버리기 위해 우리가 활용할 수 있는 바이오피드백 장치를 다음처럼 제시한다.
  −요가 수련하기, 음악 듣기, 춤추기, 미소 짓기, 곧고 반듯한 자세 취하기, 평온한 표정 취하기, 천천히 깊게 호흡하기, 근육 이완시키기 등등이다.

그가 제시한 위의 바이오피드백 장치들 중 '평온한 표정, 느린 호흡, 근육 이완 등'은 이완반응훈련 명상의 구성 요소들과 일치한다. 전문가의 책을 통해 바이오피드백의 원리와 여러 가지를 살펴보았는데 다시 이완반응훈련 명상으로 돌아가 보자.

이완반응훈련 명상의 구성 요소들은 모두 하나하나가 긴장을 해소하고 이완을 끌어내는 바이오피드백 장치들이다.

조용한 환경, 편안한 자세, 눈 감기, 근육의 이완, 만트라를 반복적으로 읊조림, 또는 음악이나 자연의 소리를 들음, 이 모두 하나하나가 이완을 끌어내는 것들이다. 이것들이 한 번에 동시에 시행되어 서로가 서로를 강하게 하고, 상호 상승의 선순환을 일으키며, 그것이 강력한 시너지 효과를 내서 깊고 강한 이완 상태를 만들어내는 것이다. 그리고 그것은 최종적으로는 호흡 횟수가 극단적으로 줄어들어서 잠잘 때보다도 산소 소비량이 줄어드는 것으로 나타난다.

이런 원리를 잘 이해하면 우리의 행동을 선택할 수 있다.

이런 원리를 이해하면 이완반응훈련 명상을 수련해나가는 데 많은 도움이 될 것이다. 그리고 일상생활에서 자신을 위해서 어떤 행동을 자제하고 어떤 행동을 더 해야 하는지 잘 이해할 수 있을 것이다. 물론 목표는 스트레스 관리이다. 스트레스로부터 자기 자신을 보호하는 것이다.

사람에 따라서 각자 자신의 마음을 이완시켜줄 수 있는 특별한 바이오피드백 장치가 있을 수도 있다. 가족사진이나 반려견의 사진, 또는 특별한 선물이나 종교용품, 기념품 등이 자신만의 바이오피드백 장치가 될 수 있다. 이런 것이 있다면 활용하는 것도 좋다.

5

이완반응훈련
명상의 장점

이 명상법의 이름은 조금 이상하게 들릴 수도 있다. 명상으로 잘 알려져 있는 다른 명상들의 이름과는 결이 조금 다르기 때문이다. 참선, 집중 명상, 호흡 명상, 자비 명상 등 기존에 들어보던 이름들과는 사뭇 느낌이 다르다고 생각될 것이다. 그 이유는 이 명상이 과학자들의 연구에 의해 만들어지고 이름 붙여졌기 때문이다.

허버트 벤슨 박사는 1970년대 초반 초월명상 기법을 연구하여 그 구성 요소들을 분해한 후 재조립하는 과정을 거쳐서 초월명상과 닮았지만 분명하게 다른 성격의 명상 방법을 만들고 이것을 '이완반응훈련'이라고 이름 붙였다. 그리고 자신의 책에서 상세하게 기술한 것들을 보면 이 명상은 '치료용'으로 만들어졌으며 현재도 미국의 병원에서 치료를 위해 처방되고 쓰이고 있다.

나는 나 자신의 몸과 마음을 관리하기 위해 이완반응훈련 명상을 수년간 수련해 왔고 그 효과에 만족하고 있다. 이 효과는 수련을 계속할 때에는 느끼지 못하며 사정상 며칠 또는 일주일 이상 명상을 하지 못했을 때 느낄 수 있다. 든 자리는 몰라도 난 자리는 바로 표가 나는 것이다.

내가 이 명상을 선택한 이유도 그랬지만 이 방법으로 수련하면서 느끼는 장점은 크게 네 가지다.

첫 번째는 이 명상 방법이 매우 과학적이라는 것이다.

실제로 이 명상 방법은 미국 하버드대학교 의과대학 허버트 벤슨 (Herbert Benson) 박사에 의하여 과학 실험을 통해 검증되고 기존 명상 방법을 변형하여 만든 방법이다. 벤슨 박사는 이 명상 방법을 만들었을 뿐만 아니라 그 후에도 계속적으로 추가적인 연구를 진행하여 미국에서도 오늘날 명상에 관한 과학적 연구의 선구자로 인식되고 있다.

벤슨 박사의 책 《이완혁명》(K-BOOKS 출판사, 2013년)을 보면 하버드대학교 의과대학이라는 세계 최고의 학부에서 1960년대 당시로서는 '의학적 사이비 내지는 이단'으로 취급되고 있던 분야를 연구하기 위해서 얼마나 과학적이고 엄밀한 방법을 통해 검증하였는지 회고하는 부분이 있다.

박사는 이 연구를 하버드로부터 허가받기 위해 SCI급 저널에 논문을 게재하였고 미국 국립보건원의 연구비 지원심사를 통과하기도 하였다. 한마디로 이런 세세한 검증 절차를 거친 과학적인 방법이라고 하니 이 명상법에 믿음감을 느끼지 않을 수 없다(미국 의회 '상원'에서 박사의 공로를 인정하고 공식적으로 예산을 지원하기도 하였다).

두 번째로 이 명상 방법은 매우 캐주얼하다.

내가 캐주얼이란 표현을 쓰는 이유는 이 명상 방법이 특정 종교나 수련 단체로부터 자유롭고 개방적이라는 뜻이다. 종교적이거나 특정한 수련 전통의 배경을 가지고 있는 명상은 왠지 신비적인 분위기를 지니고 있어서 나처럼 합리성을 중시하는 사람은 접근하기 어렵다. 또한 종교적 배타성도 없다.

이 명상은 벤슨 박사가 '초월명상'이라는 명상법을 변형시킨 것이지만 수련하는 사람에 맞게 변형을 허용할 정도로 개방적이다. 실제로 나는 표준지침과 다르게 누워서도 명상한다. 누워서 해도 이완반응을 일으키는 데 아무런 문제가 없다. 또한 표준지침과 다르게 만트라(mantra)라는 단어나 문구을 쓰지 않고 대신 음악을 틀어놓는다. 이런 것이 모두 허용될 정도로 개방적이다.

이 명상은 그 이미지가 매우 캐주얼하기 때문에 마치 유산소운동이나 근력운동을 하는 것처럼 명상이라는 새로운 분야에 접근하는 데 아무런 심리적 장벽이 존재하지 않는다.

세 번째로 스스로 수련하는 것, 홈-트레이닝이 가능하다.

매우 간결한 방법이기 때문에 그 방법만 터득하면 언제 어디서든지 혼자 할 수 있다. 일종의 홈-트레이닝처럼 지침을 따라서 하다 보면 방법을 터득하기 쉬울뿐더러 언제 어디서든지 할 수 있다는 장점 때문에 나는 이 한 명상법을 선호한다. 단 한 푼도 비용이 들지 않는 것은 당연하다.

요즘은 운동도 집에서 혼자 하는 홈트가 대세인데 이완 명상법은 명상도 홈트로 훈련이 가능하다는 것을 증명한다.

마지막으로, 이 명상법은 다른 명상들과 공통적으로 지니고 있어야 하는 보편적인 요소를 모두 지니고 있다. 이것이 내가 '명상 1.0'이라는 표현을 쓰는 이유이다.

세상 거의 모든 명상법은 고요함, 편안한 자세, 근육의 이완, 정신적인 집중과 중립적인 태도라는 공통요소를 지니고 있다. 이 명상법에도 거의 모든 공통요소가 담겨져 있고 이 자체가 완결성 높은 명상 방법이다.

《치유 혁명》(시공사, 2014년)의 저자인 리사 랭킨은 이 책에서 아래와 같이 말하는데 이는 나의 견해를 뒷받침할 수 있다.

"어느 정도까지는 모든 형태의 명상이 부교감신경을 활성화하고, 스트레스와 관련한 코르티솔(스트레스 호르몬)을 줄이며, 호흡률과 심박수를 내리고, 대사율을 낮추며, 뇌의 혈류를 증가시키고, 좌뇌의 전전두엽피질의 활동을 늘리며, 면역계를 강화하고, 이완 상태를 유도한다.”

'모든 형태의 명상이 … 이완 상태를 유도한다'는 견해도 중요하지만 중간에 언급된 대사율 저하와 면역계 강화 등 거의 모든 것이 이완반응훈련 명상에서도 나타난다는 것이 허버트 벤슨 박사의 실험과 연구로 모두 증명되었다.

즉 이완반응훈련 명상을 수련하면 다른 모든 형태의 명상과 비슷한 효과와 이익을 볼 수 있다는 것이다.

둘째 마당

명상 실습

명상 1.0

1 ◗

이완반응훈련 명상 :
표준수련법

허버트 벤슨(Herbert Benson) 박사가 권하는 표준수련법은 아래와 같다.

0. **조용한 환경**(다른 사람이나 반려동물로부터 방해받지 않는 조용한 환경은 필수이다.
    소음이나 진동, 강한 햇빛이나 조명도 피한다. 특히 핸드폰은 소리와 진동을 끈다.)

1. **만트라**(mantra : 짧은 단어, 어구, 기도문 등) 하나를 선택

2. 편안한 자세로 앉는다.

3. 눈을 감는다.

4. 발에서부터 머리까지 차례로 근육의 긴장을 푼다.

5. 천천히 자연스럽게 호흡하면서 1번의 만트라를 반복한다.

6. 소극적인(수동적인) 태도를 유지한다.

7. 10분에서 20분 정도 이 상태를 유지한다.

8. 끝나면 바로 일어서지 않고 1분에서 2분 정도 정상 감각으로 돌아올 때까지 기다렸다가 일어난다.

9. 아침 식사 전이나 저녁 식사 전 하루 1~2회 정도 실시한다.

(주의사항)

-일단 표준수련법 그대로 시행해 본다.

-절대로 호흡을 조절하거나 조작하지 않는다.

이렇게 표준수련법을 일단 시도해 본다. 바로 뒤에서 이완반응을 확인하는 방법을 설명해 놓았으니 표준수련법 그대로 했을 때 이완반응이 자신의 몸에 일어나서 확인할 수 있다면 성공이다. 그대로 매일 반복적으로 수련하면 된다.

만일에 이완반응이 일어나지 않는다고 해도 실망할 필요는 없다. 누구나 처음부터 잘되지는 않을 것이기 때문이다. 특히 장기간 강도 높은 스트레스에 시달려온 사람이라면 커다란 얼음이 녹는 데는 시간이 많이 걸리듯이 시간이 필요할 수도 있다.

뒤에서 잡념을 다루는 방법과 세부사항을 조율하는 방법을 설명하였는데 이를 참고하여 반복적으로 시도해 보도록 한다. 이때에 절대로 조급한 마음을 가져서는 될 일도 안 되니 마음을 느긋하게 먹고 실험하는 태도를 가져야 순조롭다. 어떤 조건에서 어떻게 할 때 자신의 몸에 이완반응이 일어나는지 실험하고 확인하는 태도로 접근하면 좋다.

2

이완반응의 확인 :
두 가지 현상

벤슨 박사가 이완반응의 현상들로 제시한 '심장박동이 느려지고 혈압이 내려가는 것'은 우리가 직접 느낄 수 없다(요즘은 스마트폰에 연동하여 손목에 착용하는 기계(워치, 밴드)들로 이런 생체지표를 측정할 수 있다. 그러나 명상 수련 중에 사용하기에는 번거롭고 이 측정행위가 이완반응을 방해한다. 측정행위 자체가 막강한 잡념을 일으킨다).

그렇지만 벤슨 박사의 설명대로 '명상 수련이 부교감신경을 활성화한다'는 것에 착안하면 다른 신체 기관들, 주로 소화 기관들의 움직임과 호흡의 변화를 감지해서 이완반응이 제대로 일어나고 있는지 스스로 직접 확인할 수 있다.

첫 번째, 소화 기관들의 움직임(자극)이 느껴지면 이완반응이 제대로

일어나고 있는 것이다. 구체적으로는…

　－입 안에서 침이 솟아난다.

　－위가 수축되는 것이 느껴지며 소리가 나기도 한다.

　－뱃속에서 장이 꿈틀거리는 것이 느껴진다.

　－뱃속이 뭔가 편안해지고 정리되는 것이 느껴진다.

　이런 현상은 소화 기관들에 깔려있는 부교감신경이 활성화되면서 소화 기관들의 움직임이 활발해지는 것이다. 이완반응이 일어날 때 발생하는 전형적이고 대표적인 현상이다.

두 번째, 호흡이 점점 느려지고 호흡량이 줄어든다.

　명상을 시작하고 몇 분 정도 시간이 지나면 호흡이 느려지기 시작해서 점점 더 느려져 간다. 그리고 매번 호흡할 때 들이쉬고 내쉬는 공기의 양이 현저하게 적어진다.

　느려진 호흡은 연속적으로 이어지는 것이 아니라

　(들이쉬고, 내쉬고, 잠시 멈췄다가 …)

　(들이쉬고, 내쉬고, 잠시 멈췄다가 …)

　이런 형식으로 진행되게 된다.

　다만 처음부터 그렇게 확연하게 나타나지는 않고 차츰차츰 느려지다가 이런 호흡이 나타나게 된다. 그리고 날숨 이후에 잠시 멈추는 시간(호흡정지)이 길어지면서 약간 숨이 차고 답답한 느낌을 받을 수 있다. 이 시간은 자신의 의지로 통제할 수 없다. 몸이 알아서 하는 것이 이완이 잘되고 있는 것이다.

(참고) '호흡정지'는 명상 수련 초기에 확실하게 느끼기 어려울 수도 있다. 스트레스는 호흡을 얕고 빠르게 만드는데 이런 호흡이 습관화된 사람들은 특히 이런 '호흡정지'를 경험하기 힘들 수도 있다. 명상 수련을 반복적으로 계속하면 이런 '호흡정지'가 나타나고 더욱 뚜렷해지며 그 시간이 더 길어져 간다.

이런 느린 호흡이 '이완' 그 자체를 더욱 깊고 강하게 만들기도 한다. 이완의 선순환 구조가 만들어지고 가동되는 것이다.

명상 수련 초기에는 수련할 때 호흡이 편안하지 않을 수 있다. 나도 편안하고 느린 호흡을 맛보는 데 수련 시작 후 6개월 정도 걸렸다. 그리고 명상 수련 시 '편안한 호흡'은 일시적이고 항상 나타나는 것이 아니다. 이유는 뒤에서 설명하겠다.

이완반응이 일어나고 있는 것을 확인할 수 있는 이런 두 가지 현상이 나타나는 순서로 따져보자면

- 부교감신경계가 활성화되어 소화 기관들이 자극받는 현상들이 먼저 느껴질 것이고
- 시간이 조금 흐른 후에 호흡이 느려지고 호흡량이 적어지는 것을 느낄 수 있을 것이다.

-다만, 수개월 이상 수련한 경우에 이 순서가 바뀌거나 동시에 나타날 수도 있다. 좀 더 숙달되었을 때 이렇게 된다.

다만, 수련을 시작한 초기부터 이런 현상들이 몸에 원활하고 확연하게 나타날 것이라고 기대하지 않는 것이 좋다. 만성적인 스트레스에 노출되었던 시간이 길거나, 노화가 상당히 진행된 나이라면, 그리고 이 두 가지 모두에 해당되는 경우라면, 이런 반응들이 즉시 나타나지 않을 수도 있다.

그렇다고 해서 실망할 필요는 없는데, 이완반응은 사람이라면 누구나 몸에 반드시 내재(內在)되어 있는 반응이기 때문에 명상 수련을 꾸준히 진행하면 반드시 나타날 수밖에 없다. 누구나 매일 이완반응이 일어나고 있기에 음식을 먹고 소화시키고, 잠을 자는 것이 가능한 것이다. 다만 그 활성도가 낮을 뿐이다. 명상훈련으로 이 반응의 활성도를 극한으로 높이는 것이다.

명상 수련을 매일 매일 하루 1~2회 꾸준하게 수련하다 보면 이런 현상들을 확연하게 느낄 수 있으며 특히 공복 상태에서 수련하면 이런 느낌을 강하게 느낄 수 있다.

이런 두 가지 현상은 반드시 나타나야 한다.

아울러 보충하자면 이 두 가지 계열의 현상은 모든 명상에 공통적으로 나타나야 하는 것이며 이완반응으로 가져올 수 있는 몸과 마음의 이익들의 핵심적인 기둥이다. 앞에서 설명했지만 부교감신경이 활성화되면 혈액의 순환이 정상화되고 자가회복 작용이 일어난다. 그리고 불안감이 진정된다.

호흡 속도가 느려지고, 1회 호흡량이 줄며, 날숨 이후에 마치 수면 무호흡처럼 호흡정지가 수 초간 나타나는 현상은 과호흡을 조절하고 신진대사의 속도를 늦춰준다.

따라서 이런 이완반응이 명상 수련 중에 일어나고 있는지 반드시 확인해야 한다. 이런 반응을 확인할 수 없다면 뭔가 잘못하고 있거나 그 반응이 너무 약해서 알 수 없는 경우일 것이다.

3 ◗

잡념을 최소화하는
두 가지 전략

명상 수련을 실행하면 엄청나게 많은 잡념에 시달리게 되는데 그 자체가 이완반응이 일어나는 것을 방해한다.

내가 잡념을 다루면서 깨달은 것은 '잡념을 아예 없애는 것은 불가능하기에 잡념을 최소화하여 명상 수련을 원활하게 하는 데 방해되지 않도록(이완반응이 일어나는 데 방해받지 않도록) 하는 것이 현실적이다'는 것이다.

잡념이 일어나는 구조를 관찰해 보면 이런 현실적인 전략을 수립하는 데 도움이 된다.

1. 명상 수련 시 최초에 발생하는 잡념은 자연발생적인 것이며 이것은 피할 수 없다.

2. 그런데 이러한 잡념이 꼬리에 꼬리를 물고 계속하여 발생하는 것에 불만을 가지는 것이 문제의 시발점이 되며,

3. 여기에 더하여 명상을 잘하고자 하는 의도(의욕, 욕심, 조급함)가 잡념을 추가적으로 발생시킨다. 그리고 이 단계의 잡념은 '불만'이라는 감정을 더 강하게 한다.

최초의 잡념 발생이 계속되는 것에 불만을 가지게 되면 '내가 명상을 잘못하는 것인가? 명상이 잘되어야 되는데…. 왜 이렇게 잡념이 자꾸 일어나지?' 하는 의문, 걱정, 불만 등의 2차 3차에 해당하는 추가적인 잡념이 발생하게 되는 것이다.

최초의 잡념은 자연발생적인 것이어서 감정적인 요소가 거의 없는 반면에 2차, 3차 추가로 발생하는 잡념은 자신에 대한 불만감이 주를 이루게 된다. 이런 감정적 불만이 주를 이루는 2차 3차의 추가적인 잡념을 제어하는 것만으로도 상당 부분의 잡념을 제거할 수 있다.

이러기 위해서는 최초의 자연발생적인 잡념이 당연하고 자연스러운 것이라고 인정하는 것이 좋다. 또한 최초의 잡념에 대해 단지 지켜보고 관찰하는 입장에 서게 되면 감정적인 불만을 발생시키지 않을 수 있다. 그리고 잡념이 떠올랐다고 인식되는 바로 그 순간 집중대상(몸의 감각, 호흡)으로 다시 마음을 돌리면 된다.

이렇게
-최초의 잡념이 발생하는 것이 당연하다고 인정하고 관찰하며

–그리고 잡념이 떠올랐다고 인식되는 그 순간 집중대상으로 마음
  을 돌리는

이 2개의 방법을 함께 사용하면 명상에 방해받지 않는 수준으로 잡
념을 최소화할 수 있다. 이 정도면 이완반응을 순조롭게 끌어내는 데
방해받지 않는다.

이러한 방법도 역시 반복적인 훈련으로 자기 것으로 만들 수 있으며
즉시 또는 단기간에 습득하기는 힘들다. 잡념 다루기도 훈련이 필요하
며 반복할수록 더욱 능숙해질 것이다.

그리고 이 과정을 통해 '감정'과 거리를 두는 훈련을 하는 것이다. 감
정이 발생하는 잡념의 고리를 차단하는 훈련이다.

(추가하여)

명상 수련 중에 잡념 다루기가 중요한 이유는 잡념이 감정으로 발전하기가
쉽기 때문이다. 명상 수련 중에 희로애락의 감정이 발생하면 그 감정의 에너지
가 고요한 심장의 박동과 리듬을 방해한다. 명상 수련 시간에는 감각도 예민해
지고 워낙 몸과 마음이 고요하기에 작은 에너지의 발생도 크게 느껴진다. 이것
은 명상의 고요함을 교란한다. 심장은 모든 감정에 즉시 반응하기 때문이다.

게다가 명상 수련 중에 느끼게 되는 감정은 평소에 느끼는 정도와 차원이 다
르게 강렬하다. 명상 수련 중에 느껴지는 '분노, 공포, 슬픔 등의 감정'은 체험해
보지 않으면 그 강도를 알 수 없다.

4 ◗

자신에게 맞게
표준수련법을
변경할 수 있다

이 명상 방법은 표준수련법을 권고하지만 강제하지는 않는다.

허버트 벤슨 박사는 자신의 책에서 표준수련법을 일부 개조해서 각자 자신에게 맞게 변형하는 것을 허용하고 있고 아예 권고하기까지 한다.

나 역시도 표준수련법에서 나에게 맞지 않는 부분을 일부 변경해서 나만의 방법을 확립해서 사용하고 있다. 사람들은 모두 개성과 체질이 다르고 성격과 종교적인 부분도 고려해야 하므로 명상 방법이 사람에 따라 일부 달라지는 것은 피할 수 없는 일인지도 모른다.

나의 경우에는

―앉거나 누워서도 한다. 소파나 의자에 기대기도 한다.

―만트라(소리나 단어, 어구 등)는 사용하지 않는다. 처음에 몇 번 사용해 보았

지만 나의 기질과 맞지 않아 방법을 바꾸었다. 나는 대신에 음악이나 자
연의 소리를 틀어놓는다.

−근육의 이완에도 순서를 정하지 않고 한 번에 전신 근육 이완을 시도한
다. 그리고 순조로운 근육 이완을 위해서 '이미지의 기억'을 사용한다.
귀여운 강아지를 떠올리면 얼굴과 턱 근육이 한 번에 이완되며 얼굴이
이완되면 온몸의 근육 이완이 쉬워진다.

나의 경우처럼 처음에는 표준수련법대로 수련을 해보다가 자신에게
맞지 않는 부분이 있으면 변경해서 시도해 보도록 한다.

중요한 것은 이완반응을 끌어내는 것이다. 이완반응을 끌어내야 명
상의 이익을 누릴 수 있다. 이완반응을 가장 잘 끌어낼 수 있는 자신
만의 방법을 확립하도록 해야 한다.

5

변경해서는
안 되는 것들

벤슨 박사는 자신의 책 《마음으로 몸을 다스려라》(동도원 출판사, 2006
년)에서 이완반응을 일으키는 필수요소로 다음 네 가지를 꼽았다.

–조용한 환경
–잡념을 멈추는 심리적 장치
–수동적인 태도 또는 소극적인 태도
–편안한 자세

명상 방법 중 세부사항을 자신에게 맞게 변경하되 위의 네 가지는
이완반응을 끌어내는 데 필수적인 요소이므로 변경하지 않는 것이 좋
다는 말이다. 하나씩 자세히 살펴보기로 하자.

첫 번째, 조용한 환경.

명상 수련 초창기에는 번잡한 환경에서 이완반응을 끌어내기 매우 힘들다. 이완반응을 끌어내는 것에 숙달된 후에는 기차, 지하철, 심지어 버스에서도 이완반응을 유도할 수 있지만 수련 초창기에는 거의 불가능하다.

또한 이완반응을 끌어내면 감각이 매우 예민해져서 작은 진동이나 소리에도 크게 놀라게 된다. 핸드폰을 비행기 모드로 설정할 것을 권하는 이유도 명상 수련 중에는 핸드폰 소리나 진동이 엄청나게 큰 자극이기 때문이다. 직접 경험해 봐야 내 말을 실감할 수 있을 것이다. 명상 수련 중에는 피부의 감각도 매우 예민해져서 모기에 쏘이는 자극이 마치 못이 박히는 것처럼 아프게 느껴진다. 앞에서 얘기한 소리와 진동의 자극도 이 정도로 크다고 생각하면 된다. 따라서 안전하고 방해받지 않는 조용한 공간이 필수적이다.

두 번째, 심리적 장치.

앞에 표준수련 방법에서 '만트라(소리나 단어, 어구)를 선택하여 반복적으로 읊조리'라는 말을 보았을 것이다. 벤슨 박사는 이러한 행위가 '잡념을 중단시키고 집중을 유지하는 심리적 장치'라고 설명한다. 이것은 이 명상 방법이 '초월명상'을 기반으로 하여 만들어졌기 때문에 강조되는 것이다.

나의 경우에는 이 방법을 몇 번 시도해 보았지만 나의 기질과 맞지 않아서 쓰지 않는다. 대신에 나는 잡념을 최소화하기 위해서 호흡과 내 몸에서 일어나는 감각에 집중한다. 중요한 것은 수단이 아니라 잡념을 다스린다는 목표에 충실한 것이다.

세 번째 '소극적인 태도' 또는 '수동적인 태도'.

앞에서 잡념에 대해 얘기할 때 비슷한 얘기를 했지만 명상 수련에서는 '잘하고자 하는 의도'가 거꾸로 방해가 된다. 역설적이지만 이것이 사실이다. 잘하고자 하는 마음은 확인하고 싶은 조급함과 기대와 실망 등 모든 잡념의 뿌리가 된다.

오히려 '되어지는 만큼, 주어지는 만큼' 수용하겠다는 수동적인 자세가 정신적 긴장을 최소화하여 이완반응이 더 빠르고 강하게 일어날 수 있도록 한다. 이완반응은 당연히 일어나는 것이니 휴식한다는 마음으로 명상 수련을 실행하는 것이 가장 좋은 태도이다.

네 번째, 편안한 자세.

편안한 자세는 정신적 긴장을 풀고 전신 근육을 이완하기 위한 것이다. 일상생활에서도 편안한 자세는 휴식을 취할 수 있도록 도와주고 긴장을 풀어준다. 명상에서는 잠들지 않는 수준에서 최대한 편안한 자세를 취하도록 한다. 그 자체로도 이완효과가 상당하다. 표준수련법에서는 앉는 자세를 권하지만 나의 경우에는 누워서도 한다.

나는 이 네 가지에 내 경험을 바탕으로 한 가지를 더 추가하여 강조하고 싶은데 그것은 바로 '전신 근육 이완'이다.

　보통은 조용한 환경에서, 편안한 자세를 취하고, 눈을 감고 있으면, 몸의 근육들이 저절로 이완될 수 있을 것이다. 그러나 스트레스가 매우 심하거나 노화가 진행되고 있는 경우 또는 습관적으로 긴장하는 경우에 근육의 이완이 충분하지 않을 수 있다. 이런 경우에는 스스로 근육을 이완하려고 시도하여야 하며 근육이 이완되어야 이완반응이 유도된다.

6

세부사항의
조절이 필요하다

"악마는 디테일(detail, 세부사항)에 있다"는 말이 있는데 아주 작아서 무시하기 쉬운 작은 것들이 중요하다는 말이다. 명상도 이와 비슷하다.

아직 명상에 몸이 길들여지지 않은 수련 초창기에는 소리나 빛 같은 아주 작은 변수들로 인해 집중이 어렵고 따라서 이완반응을 끌어내는 것이 쉽지 않을 수 있다. 나도 수련 초기에는 밖에서 들려오는 차 소리나 위층의 물소리 등에 민감하게 반응하고는 했다. 이런 변수들을 잘 다스려야 초기에 명상 수련이 원활하게 진행될 수 있다.

앞에서 표준수련법을 배우고 자신에게 맞도록 변경하는 방법도 배웠지만 그것만 가지고는 원활하게 수련하는 것이 힘들 수도 있다. 표준수련법과 아울러 세부적인 사항들을 잘 조율하는 것이 중요하다.

이른바 꿀팁들이 필요한 것이다. 마치 등산 가기 전에 잘 맞는 등산화와 등산복을 준비하는 것처럼 세부적인 사항들을 자신에게 잘 맞도록 조율해야 한다.

그러나 세부적인 사항들을 조율하면서도 궁극적인 목적은 명상 수련을 통한 이완반응 끌어내기라는 사실을 잊지 말아야 한다. 목적에 충실해야 한다. 하나씩 짚어보자.

가. 공복 상태 또는 배가 부르지도 고프지도 않은 상태

많은 명상 관련 서적에서 공통적으로 지적하는 것 중에 하나가 공복 상태에서 수련하라는 것이다.

허버트 벤슨 박사는 아침이나 저녁 식사 전에 수련하도록 권고하였으며, 식후에 수련하는 경우에는 식사 후 2시간이 지난 이후에 수련하도록 권고하고 있다. 식사 후 2시간이 지나면 배가 부른 느낌은 사라지고 배가 고프지도 부르지도 않은 상태에 이르게 된다. 이 상태에서 이완반응을 유도하면 뱃속이 매우 편안해지고 뭔가 정리되는 느낌이 든다. 이완반응이 유도되면 소화 기관들의 운동이 매우 활발해지기 때문이다.

공복 상태에서 명상을 통해 이완반응을 유도하면 이러한 소화 기관들의 운동을 더욱 생생하게 느낄 수 있다. 아침에 명상을 수련하면 좋은 것 중 하나가 아침 시간에는 완전한 공복 상태라는 것이다. 이것은 수련을 통해 스스로 느낄 수 있다. 그 상태는 매우 상쾌하다. 점심 식사 이후 저녁 식사 전에 명상을 수련하면 대개는 7, 8시간이 지난 상태이기에 공복의 상쾌함을 느낄 수 있다.

그런데 이렇게 공복 상태의 수련을 권하는 이유는 '호흡' 때문이다. 식후에는 소화 기관의 운동을 위해서 많은 산소가 필요하다. 다들 맛있는 음식을 너무 많이 먹었을 때 호흡이 빠르고 거칠어진 경험이 있을 것이다. 산소는 먹은 음식의 양에 정비례하여 그만큼 많이 필요하기 때문이다.

식후에 수련을 하면 바로 이렇게 먹은 만큼 산소를 소비하기 때문에 호흡이 진정되거나 느려지기 쉽지 않다. 그래서 공복 상태일 때 수련하라는 것이다. (나는 식후에 느슨하게 몸을 이완시킨다. 소화에 도움이 되기 때문이다. 근육의 이완은 순조롭지만 호흡은 깊이 가라앉지 않는다. 반쪽짜리 이완반응이라고 할 수 있을 것이다.)

반대로, 공복 상태에서는 소화 작용이 필요 없기에 산소의 소비량이 줄어든다. 따라서 호흡량이 매우 줄어들어서 '편안하고 안정된 휴식'의 호흡을 맛볼 수 있다. 벤슨 박사의 실험 결과에 따르자면 이때의 산소 소비량은 잠을 잘 때의 산소 소비량보다 적다고 한다.

나. 근육의 사전 이완

　명상 수련이 이완반응을 유도하는 것인데 사전에 이완을 시킨다는 것이 모순된다고 느껴질 수 있다. 이것은 마치 운동을 하기 전에 준비운동을 하는 것을 생각하면 같은 개념으로 이해할 수 있다. 준비운동이 예열과정이라면 사전 이완은 예비 이완이라고 할 수 있다. 이것 역시 표준수련법을 나에게 맞도록 실행하는 과정에서 나 스스로 터득한 것이다.

　나이가 중년을 넘어 노화가 진행되고 있다면, 또는 매우 강한 스트레스에 오랜 기간 노출되어 있었다면 근육이 매우 뻣뻣하게 굳어서 이완이 쉽지 않을 수 있다.

　그런데 근육의 이완은 이완반응을 끌어내는 핵심 요소 중 하나이기 때문에 공을 들일 필요가 있다. 운동이나 샤워 등을 통해 근육을 어느 정도 이완시켜 주고 이완반응을 유도한다면 더 쉽게 이완반응을 유도할 수 있다.

　내가 시도해 본 바로는 걷기, 가벼운 근육 운동, 스트레칭, 미지근한 물로 샤워하기 등등이 근육을 풀어주어 이완반응을 쉽게 유도할 수 있도록 도와준다.

　격렬한 달리기나 강한 강도의 근육 운동도 도움이 된다. 강한 운동 이후에는 본능적으로 휴식의 욕구가 강해지는데 이것이 이완에 도움이 된다. 이것은 각자 자신에게 맞도록 시험해 보는 것이 중요할 것 같다.

다. 장소와 조명

안전하고 방해받지 않을 수 있는 자신만의 공간에서 명상을 수련하는 것이 좋다. 다른 사람이나 반려동물로부터 방해받지 않고 외부의 소리, 빛, 진동 등을 막아줄 수 있는 장소를 선택한다. 또 하나 핸드폰의 소리나 진동을 끄도록 한다.

조명은 최대한 어둡게 하는 것이 좋다. 나의 경우에는 방에 불을 완전히 끄고 스탠드 같은 작은 보조 조명 하나를 사용하여 겨우 사물이 식별될 정도를 유지한다. 스탠드에 수건 한 장을 덮으면 그 정도가 된다. 완전히 어두우면 잠들 수 있으므로 주의하여야 한다. 아침 명상 시에는 창문에 커튼을 활용하여 밝기를 조절한다.

촛불은 사용하지 않는 것이 좋다. 자칫 잠이 들면 화재의 위험이 있기 때문이며 일산화탄소 발생도 문제가 된다. 향초도 마찬가지다.

라. 옷차림과 온도, 체온

옷차림은 최대한 단출한 것이 좋고 몸에 달라붙거나 조이는 느낌을 주는 것은 좋지 않다. 안경이나 반지, 시계, 귀걸이 등 몸에 부착된 것도 떼어놓는 것이 좋다. 이렇게까지 얘기하는 이유는 명상 수련 시에 이완 반응이 유도되면 감각이 매우 예민해지기 때문이다. 예민해진 촉각이 옷이나 시계 등을 답답하게 느낀다면 명상 수련에 방해가 될 수 있다.

우리나라는 사계절이 있기에 각 계절에 맞게 춥거나 덥지 않도록 옷차림을 조절하는 것이 좋다. 실내 온도가 덥거나 춥게 느껴진다면 방해받을 수 있기에 보일러나 선풍기, 에어컨을 활용하여 쾌적한 느낌에서 수련할 수 있도록 한다.

참고삼아 얘기한다면 이완반응이 유도된다는 것은 근육의 이완으로 체온이 다소 떨어진다는 얘기다. 허버트 벤슨 박사도 이 문제를 지적하면서 수련 시에 옷이나 담요 등을 준비할 것을 권고하고 있다.

명상을 수련할 때 체온이 너무 높으면 이완반응을 끌어내기 어렵거나 시간이 오래 걸린다. 특히 저녁에 수련할 때에는 찬물로 샤워하거나 해서 체온을 다소 내린 뒤에 하는 것이 이완반응을 끌어내는 데에 유리하다.

전체적으로 계절에 상관없이 약간 서늘하다고 느껴지는 정도가 이완반응을 끌어내는 데 최적의 온도이다.

마. 음악, 또는 소리의 활용

표준수련법에는 없지만 나는 음악을 활용한다. 처음에는 표준수련법에 있는 만트라를 사용해 보았으나 내 성향과 맞지 않아서 포기하고 이를 대신하여 음악을 활용하였다.

음악은 밖에서 들려오는 생활 소음을 차단해 주는 효과도 있고 일종의 타이머 역할로 명상 수련 시간이 얼마나 흘렀는지 알 수 있게 해준다. 무엇보다도 음악은 명상 분위기를 이끄는 바이오피드백 장치다. 편안한 음악에 젖어있으면 몸과 마음이 저절로 이완되고 그 이완이 더 깊고 강해진다.

음악을 활용할 때에는 볼륨을 편안한 수준으로 맞추고 너무 키우지 않도록 한다. 청각이 예민해지므로 약간 작다 싶게 볼륨을 조절하는 것이 좋다. 핸드폰으로 틀어놓아도 그 음량은 충분한데 2리터 생수통을 반으로 잘라서 핸드폰을 그 안에 놓아서 울림통으로 쓰면 나름 음질도 아주 좋아진다.

명상에 활용할 음악을 고를 때에는 희로애락의 감정을 일으키지 않는 일종의 감정 중립적인 음악이 좋으며(정말 중요하다!) 박자도 너무 빠르지 않은 것이 좋다.

마땅한 음악을 찾기 힘들 때는 바람이나 파도, 새소리, 빗소리, 개울물 소리 등 자연의 소리를 활용하는 것도 좋다. 특히 빗소리나 개울물 소리처럼 끊이지 않고 계속 이어지는 물소리는 다른 소음을 차단하는 효과가 좋다. 유튜브나 기타 인터넷 사이트에서 얼마든지 구할 수 있다.

참고삼아 얘기하자면 나는 독일의 명상음악가 도이터(Deuter)의 음악을 주로 사용한다. 그 자신이 오랜 기간 명상을 수련한 명상가여서 그런지 그의 음악에는 명상 분위기를 고양시켜 주는 특별한 힘이 있는 것 같다.

소음은 처음에는 명상의 장애로 작용하지만 수련을 거듭할수록 큰 문제가 되지 않는다. 소음 자체보다 소음이 명상을 방해한다는 생각 자체가 더 큰 장애가 된다. 그러나 초기 수련에서는 아무튼 소음을 최대한 차단하는 것이 좋다.

바. 매트리스, 방석

침대나 이불, 담요, 요가 매트 등등 모두 써보았지만 상관없다. 편안히 앉거나 누울 수 있는 것이면 된다.

초창기에는 누워서 하다가 잠들기 쉽기 때문에 다소 불편한 요가 매트를 사용할 것을 권장한다. 다만 바닥이 너무 딱딱하면 이완에 지장 있을 수 있으므로 질 좋은 매트를 사용하여야 한다. 중요한 것은 이완 반응을 일으키는 데 자신에게 잘 맞는 매트를 선택하는 것이고 잠들지 않는 것이다.

앉아서 하는 경우 방석이나 소파를 사용하는 경우에도 지나치게 아프거나 불편한 것을 피하고 편안하게 이완감을 주는 것을 사용하면 충분하다.

사. 근육의 이완과 유지

편안한 자세와 더불어 이완반응을 유도하는 데 가장 중요한 요소
중 하나다.

요즘 세상은 소위 몸짱 열풍이라 근육의 수축만을 강조하고 있다.
우리가 운동이라고 하는 근육 운동은 모두 근육을 강하게 수축시켜
자극을 주는 것이다. 근육의 이완은 이것과는 반대로 근육을 이완시
키는 것이다. 우리 모두 근육의 이완은 학교에서도 배워본 적이 없기
에 생소하고 어려울 것이다.

우리가 스트레스를 받으면 근육이 수축되고 긴장되지만 정신적 스
트레스를 해소하면 근육이 긴장도가 떨어지고 이완된다. 이를 거꾸로
적용해 근육을 이완시켜서 정신적인 긴장도를 낮추어 스트레스 반응
을 해소하는 것이다.

우리의 뇌는 신경계를 통해 몸 상태를 항상 감지하는데 근육의 이
완은 긴장을 풀고 쉬어도 좋다는 강력한 신호이다. 근육을 잘 이완하
고 그 상태를 감지하며 이완을 유지하도록 한다. 처음부터 쉽지는 않
을 것이다. 사전 근육 이완을 통해 효과적으로 이완 상태를 달성해야
한다. 전신 근육에 잠깐씩 강하게 힘을 주었다 빼기를 몇 차례 반복하
면 비교적 쉽게 근육을 이완할 수 있다.

아. 정신적 집중

결론부터 얘기하자면 애를 쓰며 집중하려는 노력보다는 '단지 의식을 어딘가에 둔다'라는 정도로 가볍게 하는 것이 좋다. **핵심은 감정이 일어나도록 하지 않는 것**이고 호흡과 몸의 이완 상태를 계속 감지하는 것이다.

명상에 관한 많은 책들이 대부분 의식의 집중에 많은 부분을 할애하고 하나의 대상에 집중할 것을 강조하고 있으나 내 경험상 수련 초창기에 그렇게 하나의 대상에 강하게 집중하기는 매우 어렵다.

그리고 일정 정도 잡념이 있더라도 이완반응은 유도될 수 있다. 잡념이 감정이라는 강한 에너지 덩어리로 발전되는 고리를 차단하는 것이 중요하다. 그러기 위해서는 수련 시간에 자신의 호흡과 몸, 의식을 지켜보고 있어야 한다.

예를 들어서 우리가 운전을 할 때에는 운전 자체에 집중을 하지만 그것이 앞만 본다는 의미는 아니다. 오로지 앞만 보고 운전한다면 더 피곤하고 위험할 수 있다. 옆도 보고 뒤도 잠깐 보고 앞쪽도 왼쪽, 오른쪽 살펴가며 분산된 주의집중을 유지할 때 오히려 운전 자체를 덜 피곤하게 할 수 있다. 중요한 것은 운전 자체에 집중하는 것이다.

그래서 나는 하나의 집중대상을 정하지 않고 호흡과 몸의 상태, 근육의 이완 또한 몸이 보내오는 통증이나 감각 등을 감지하는 데 집중한다. 감각에 집중하는 것이다. 그리고 생각(잡념)이 떠오르면 다시 감각으로 채널을 돌린다. 이를 벗어나면 그것이 잡념이다.

자. 호흡을 감지한다

호흡은 명상 수련 시에 정신적인 집중이 대상이 되기도 하고 자신의 명상이 얼마나 자기 스스로를 길들이고 있는지 알 수 있는 지표가 되기도 한다.

나는 처음 명상을 수련했을 때에는 호흡이 너무나 답답했었다.

명상을 수련하면서 약 5년간 그날그날 명상일지를 써왔는데 명상 시작 후 6개월 정도의 기록을 보면 처음 맛본 부드러운 호흡을 기록해 놓은 것이 있다. 호흡과 호흡 사이의 간격(호흡정지 시간)이 길고 매우 편안하다. 1회 호흡량이 매우 적고 그야말로 고운 숨결 그 자체를 맛볼 수 있었다(그러나 이런 편안한 호흡도 과정에 불과하고 몇 개월 지나면 사라진다. 수련을 좀 더 계속하면 '호흡정지'가 불편할 정도로 길어진다).

호흡은 수련 시에 이완반응이 어느 정도 일어났는지를 알 수 있는 척도이다. 따라서 중간중간 자신의 호흡 속도와 호흡량을 체크하여야 한다. 그리고 호흡을 절대로 조절하거나 조작하지 않도록 한다. 자신의 뇌(뇌간)에서 알아서 조절하도록 놓아두도록 한다.

차. 수련 시간은 충분하게

허버트 벤슨 박사의 표준수련법에서는 1회 수련 시 20분 정도를 권장하고 있다. 하루 두 번 수련을 한다면 이 정도로 충분할 수 있고 아닐 수도 있다. 그것은 각자의 상태에 따라 다를 것이다. 20분 이상 수련을 기본으로 하되 40분을 넘기지는 않는 것이 좋을 것 같다.

중요한 것은 전체 명상 수련 시간의 길이보다 단 20분이라도
—편안한 자세, 근육의 이완, 정신적 집중을 유지하였는가
—부교감신경이 얼마나 활성화되었는가
—호흡이 얼마나 느리고 호흡량이 적어졌는가
이것이 중요한 것이다. 책상에 오래 앉아있다고 해서 그만큼 공부나 일을 했다고는 할 수 없다. 집중해서 공부하고 일을 해야 성과가 있는 것처럼 명상도 짧은 시간이지만 정확하게 실행되어야 효과가 있다.

1회 수련 시간을 20분 정도로 설정한 경우에, 수련 시작 후 부교감신경이 활성화되어 소화 기관들의 움직임이 감지되거나 배 속이 편안해진 후에 호흡이 느려지고 '호흡정지'가 나타난다. 날숨 이후에 수 초 이상 뚜렷하게 호흡이 정지되는 것이다. 이 현상이 나타나는 순간부터 10분 이상 유지하도록 하면 된다. 만약 수련 시작 후 5분 정도 경과한 시간에 '호흡정지'가 나타난다면 남은 15분을 이렇게 유지하도록 하면 되는 것이다.

다만, 명상 수련을 처음 시작한 사람의 경우 이런 '호흡정지'를 뚜렷

이 경험하지 못할 수도 있다. 그런 경우에는 '호흡이 안정된 시점'을 기준으로 10분 이상 유지하는 것이 좋을 것이다.

명상 수련을 거듭할수록 이렇게 호흡정지가 나타나는 시간이 더 짧아질 것이다. 초창기에는 이 순간이 늦게 나타나서 수련 시간이 좀 더 필요할 수도 있다.

카. 만트라(mantra) 정하기

만트라는 짧은 단어나 어구를 의미하는데 이것을 반복하여 읊조려서 잡념의 발생을 막고 정신적 집중을 강화하기 위해 사용하는 것이다. 이 명상법의 모태가 되었던 초월명상에서 쓰는 방법을 가져온 것이다.

만트라도 역시 '희로애락'의 감정을 일으키지 않아야 한다. '자신의 소망'을 담은 어구, 이를테면 '치유, 힐링' 등은 반복할 경우에 강렬한 감정이 될 수 있고 이는 미묘한 긴장을 일으킬 수 있다. 따라서 가치 중립적이고 다소 무의미한 단어나 어구를 선택하는 것이 좋다. (명심해야 한다!)

허버트 벤슨 박사도 우리나라에서 출간한 또 다른 책《과학 명상법》(학지사, 2003년)에서 이 문제를 특별히 지적하고 있다.

7

나의 이완반응훈련
명상 수련법

표준수련법을 자신에게 맞게 변경하려는 사람들을 위해서 나의 방식을 공개하니 참고하기 바란다. 만트라 대신에 음악을 사용하고, 누워서도 하는 것이 나의 방식이다. 이렇게 변경해도 이완반응을 일으키는 데 아무런 문제가 없다.

(나의 이완반응훈련 명상 방법)

0. 조용한 환경은 필수적이다.

: 소음과 진동이나 빛, 다른 사람이나 반려동물의 방해를 받지 않을 수 있는 안전하고 조용한 장소를 선택한다. 조명을 가급적 어둡게 하고 핸드폰은 소리와 진동을 끈다.

1. 음악을 틀어놓는다.

: 이완 상태로 이끌어줄 수 있는 조용한 명상 전용 음악을 틀어놓는다. 음악은 다른 생활 소음을 차단하는 차폐기능도 하고 대략적인 시간 경과를 알 수 있는 타이머 기능도 한다.

2. 편안히 누워서 눈을 감는다. 앉아서 할 때는 '버마식 자세'를 취한다. 다리를 포개지 않고 나란히 놓는다.

: 너무 딱딱하거나 너무 푹신하지 않은 적당한 쿠션감이 있는 바닥에 몸을 쭉 펴고 편안히 누워서 눈을 감는다. 손바닥은 허벅지를 향하는 것이 자연스럽다. 앉아서 하기도 하며 의자나 소파에 기대서 하기도 한다.

3. 전신 근육을 이완한다.

: 전신 근육을 한 번에 이완한다. 잘 이완되지 않는 부위에 의식을 집중하고 호흡과 의식을 사용하여 긴장을 최대한 누그러뜨린다. 얼굴(턱, 혀)을 먼저 이완시키면 온몸의 이완이 쉽다.

4. 호흡과 몸에서 일어나는 감각에 집중한다.

: 만트라에 집중하는 표준수련법과 다르게 나는 내 몸에서 일어나는 감각과 호흡에 집중한다. 이완이 진행되면서 앞에서 말한 이완반응 현상들과 함께 몸 안에서 수많은 감각과 현상이 발생하기 때문에 집중하기가 더 쉽다. 그리고 호

흡 상태를 살피면서 이완반응이 일어나는 것을 관찰할 수 있다.

5. 수동적인 태도를 유지한다.

: 잡념에 대한 부분에서 이미 비슷한 이야기를 하였지만 명상은 잘하고자 하는 의도가 거꾸로 방해가 된다. 오히려 주어지는 만큼, 되어지는 만큼, 딱 그 정도만 받아들인다는 마음이 더욱 이완을 용이하게 한다. 수동적인 태도를 유지하는 것이 그래서 중요하다.

6. 1일 2회 20~30분씩 시행한다.

: 처음에는 하루에 두 번 30분 이상씩 실시하다가 중간에 하루 한 번 저녁에만 실행했었다. 최근 들어 하루 두 번 하는 것이 가장 좋다고 느껴져서 가급적 두 번씩 하려고 노력한다. 아침 기상 후와 저녁 식사 전에 실행한다. 이완반응은 이 정도면 충분하다고 느낀다.

7. 끝낼 때 눈을 뜨고 몸을 가볍게 흔들고 나서 일어난다.

: 끝낼 때 몸을 살살 움직이면서 정상적인 감각으로 돌아오고 나서 일어난다. 가급적 엎드리고 나서 일어난다.

위의 방식은 수년간 내가 명상을 실시하면서 나에게 맞도록 변형시킨 나만의 명상 방법이다. 나는 이런 식으로 수련할 때 이완반응이 가장 잘 유도된다.

누구나 이런 식으로 표준수련법을 변형시켜서 자신만의 명상 방법을 확립할 수 있다. 중요한 것은 명상의 형식보다는 이완반응을 유도하는 것이다.

명상 수련 시
나타나는 현상들에 대한
이해와 해결 방법

―

명상 1.0

• • •

　명상 수련을 하다 보면 특히 어렵게 느껴지는 몇 가지 문제들이 있다. 이것들도 강도 높은 스트레스에 시달린 기간이 길거나, 나이가 많거나, 둘 다의 경우에 해당되면 더욱 심하게 곤란을 겪을 수도 있다.

　명상은 일단 몸과 마음을 다루는 것이기 때문에 이런 문제들을 잘 이해하고 정확하게 실행하도록 훈련해야 한다. 이런 훈련들이 쌓이면서 순조롭게 이완반응을 원하는 때에, 어디서든지 자유롭게 끌어낼 수 있게 된다.

　'근육 이완과 잡념, 호흡'은 중대한 문제라 자세히 설명했고 나머지는 '이런 것이 있구나' 하는 정도로 알면 된다. 참고하기 바란다.

1

근육 이완의
곤란

'근육 이완'이라는 것은 근육에서 힘을 빼서 긴장을 풀어주는 것인데 생각보다 쉽지 않다. 거의 모든 사람들이 컴퓨터나 스마트폰을 오랜 시간 사용하고 있고, 운동이 부족하거나 노화가 진행되는 경우 근육이 뻣뻣해서 이완이 힘들 수도 있다.

그래도 근육의 이완은 이완반응을 끌어내는 핵심 요소 중에 하나이기 때문에 반드시 그 요령을 터득해야 한다. 처음부터 100점 만점은 힘들지만 점점 그 점수를 높여가야 한다. 앞에서 설명한 '사전 근육 이완' 방법 중에 자신에게 잘 맞고 형편상 가능한 방법들 찾아서 근육을 이완할 수 있도록 하여야 한다.

근육의 이완은 그 자체만으로도 이완을 유도할 수 있는 강력한 바이오피드백 장치이다. 특히 '얼굴 근육'(턱과 혀가 포함된다)의 긴장을 풀어주면 표정이 느슨하게 풀리면서 강력한 이완효과를 얻을 수 있다.

《우울할 땐 뇌과학》(푸른숲 출판사, 2018년)의 저자 앨릭스 코브는 이 책에서 우울감을 날리고 긍정적인 기분 상태를 만드는 데 활용할 수 있는 바이오피드백 장치 중 하나로 '근육의 이완'을 들고 있다. 또한 '평온한 표정'도 그런 장치로 추천하는데 위에서 말한 것처럼 얼굴 근육의 긴장을 풀어주면 자연스레 따라오는 것이다.

'근육의 이완'이 이완반응을 끌어내는 구조를 한번 살펴보자.

일반적으로 근육은 팔다리처럼 마음대로 움직일 수 있는 '수의근'과 심장처럼 마음대로 움직일 수 없는 '불수의근'으로 나뉘는데 명상으로 이완반응이 유도되는 과정은

- -'수의근'의 긴장을 풀어 이완시키고 그 상태를 유지하면
- -그것이 뇌에 전신의 긴장을 풀어도 좋다는 바이오피드백 장치로 작동하여 신호를 보내고
- -뇌는 '불수의근'의 과도한 긴장을 누그러뜨린다.

그렇기 때문에 자신이 자신의 의도대로 긴장을 풀어줄 수 있는 근육(수의근)을 먼저 모두 이완시키고 그 상태를 유지하는 것이 제일 먼저 필수적인 사항이 된다.

가장 쉽게 할 수 있는 방법은, 온몸의 근육에 일시적으로 강하게 힘을 주었다가 빼는 과정을 몇 차례 반복하는 것이다. 힘을 뺄 때 길게 숨을 토해내는 것(날숨)도 괜찮다. 아울러 온몸에서 힘이 빠져나간다는 상상을 더해주면 효과적이다.

이런 과정을 대여섯 차례 반복한 후 의식적으로 근육의 힘을 빼고 기다린다. 여러 명상서적에서 탁월하게 표현한 것처럼 마치 흙탕물이 가라앉기를 기다리는 것처럼 기다린다.

전신 근육 이완을 시도하면 특히 이완하기 힘든 근육이 있는데 바로 턱 근육과 혀 근육이다. 우리가 흔히 화가 난 상태를 표현하기를 "어금니를 꼭 깨문다"고 하는데 사실이다. 스트레스에 만성적으로 시달리면 얼굴이 굳고 근육이 긴장되어 있다. 이 얼굴 근육이 이완하기 가장 힘들 것이다. 나는 특히 '혀'의 긴장을 풀기가 가장 어려웠다.

효과적인 방법이 있다. 나는 얼굴 근육(턱, 혀)을 이완하기 위해 연상작용을 이용한다. 귀여운 아기나 강아지를 연상하면 자연스레 가벼운 미소가 지어지고 얼굴 근육이 이완된다. 잠시 귀여운 강아지를 연상해서 얼굴에서 긴장이 풀어지면 연상작용을 그만하고 다시 몸에 집중한다.

얼굴의 근육이 풀어지고 턱과 혀에서 힘이 빠지면 목과 어깨의 근육도 이완하기 쉬워진다. 일종의 '이완 도미노' 현상이 일어나고 이것이 온몸으로 확대된다.

일단 자신의 몸의 전신 근육을 이완하는 방법을 터득하면 이완반응을 일으키는 중요한 고리를 확보하게 되는 것이다. 명상의 환경을 조성하고 몸을 이완하면 이완반응은 거의 자동으로 따라오기 때문이다. 다만, 잡념의 방해를 넘어서야 한다.

2 ◗

잡념의 쓰나미

명상 환경도 만들고 몸도 이완했는데 이완반응이 잘 끌어내지지 않는다면 그것은 '잡념' 때문일 가능성이 가장 크다. 명상을 하겠다고 눈 감고 앉아있는데 머릿속에 온통 후회와 분노, 시원하게 복수하는 망상 같은 것들이 들끓고 있다면 이완반응이 순조롭게 일어나기 어려울 것이다.

잡념은 명상에 있어서 최강의 난적이고 우리 몸의 전기적, 화학적, 물리적인 상태를 순간적으로 바꿔버릴 수 있는 강한 힘을 지니고 있다. 심장박동과 몸 근육의 긴장도를 순식간에 올려버릴 수도 있는 것이다.

따라서 이런 강적을 상대하는 현실적인 태도는 맞서서 부러지는 것이 아니라 부드럽게 휘어지는 것이다. 바람이 불면 휘어지는 나뭇가지처럼 휘어지지만 부러지지 않는 것이다. 일종의 타협을 추구하는 것이다. 약간의 잡념이 있어도 이완반응을 순조롭게 끌어낼 수 있기 때문이다.

앞에서 얘기했지만 우리가 프로 명상가가 아닌 다음에야 잡념을 완전히 통제할 수도 없고 사실 그럴 필요도 없다. 현실적으로 볼 때 다음 두 가지가 중요하다.

 - 잡념을 최소화한다. 잡념을 인식하면 몸으로 의식을 돌린다.
 - 잡념이 희로애락의 '감정'이라는 '에너지 덩어리'로 발전하지 않도록 한다. 즉 잡념이 발전해서 강해지는 고리를 끊고 차단한다. 이때도 몸으로 주의를 돌리면 된다(좋은 것이든 나쁜 것이든 '감정'은 방해가 된다).

강한 감정, 강한 불만은 명상을 완벽하게 잘하고자 하는 의도에서 주로 생겨난다. 당장 명상을 잘해야 하고, 잘하고 싶은데, 자꾸 잡념이 떠오르니, 이에 대한 불만으로 또 다른 잡념, 더 강한 잡념, 더 강한 불만과 같은 감정이 생겨난다. 이 악순환의 고리를 끊는 것이 핵심이다.

그러니 최초의 잡념들에 대해 그러려니 하는 여유 있는 마음을 가져야 한다. 사람은 잡념의 덩어리이다. 잡념은 잡념일 뿐이고 당연히 생겨나는 것이니 잡념에 마음이 끌리는 순간 다시 몸의 감각과 호흡의 감각에 집중하면 된다. 일종의 '채널 돌리기'를 하는 것이다.

근육 이완에 대해서 얘기할 때 '흙탕물이 가라앉는 것을 기다리며 지켜본다'고 했는데 잡념도 그렇게 채널을 자신의 몸으로 돌리고 가라앉기를 기다린다. 그러면 '잡념의 쓰나미'를 '잡념의 잔잔한 파도' 정도로 바꿀 수 있다. 그 정도면 이완반응을 끌어내기에 충분하다.

이런 과정을 통해 '깊은 이완' 상태에 다다르면 사실 감정이 잘 생겨나지 않는다. 감정에는 에너지가 실려야 하는데 그 에너지가 잘 따라붙지 않는다. 아무리 싫었던 사람을 생각해도 화가 나지 않고 아무리 맛있는 음식을 생각해도 아무런 욕구가 일어나지 않는다. 최초 생각의 씨앗은 떠오르지만 거기에 힘과 무게가 실리지 않는다. 그리고 사라진다.

이것은 이완반응에 익숙해지면 누구나 자신의 실험으로 확인할 수 있는 것이다. 평정심이라고 얘기할 수 있을지 모르겠지만 완전히 무덤덤한 마음의 상태로 들어가게 된다. 명상을 통해 평정심을 훈련하고 일상생활에서도 감정에 마구 휘둘리지 않고 다소 '무덤덤한 마음'을 유지할 수 있는 것은 이런 훈련의 작용이라고 볼 수 있다.

명상 시 떠오르는 잡념에 대한 불만 말고도 망상이나 다른 것들이 떠오를 수 있는데 모두 채널 돌리기로 처리할 수 있다.

물론 한 번으로는 안 된다. 20분 정도의 명상 수련 1회에 수백 번, 수천 번의 '채널 돌리기'가 필요할 수도 있다. 상관없다. '감정'이라는 '에너지 덩어리'를 만들지 않는다면 이완반응을 끌어내는 데 문제가 안 된다.

그리고 '잡념을 인지하고 채널을 돌리는 행위 그것 자체가 집중의 행위'이기도 하다.

3 ☽

호흡의 답답함

명상 수련을 진행하면 부교감신경계가 활성화되고 이것이 지속되면 호흡에 변화가 생긴다. 호흡 속도가 느려지고 1회 호흡의 호흡량이 적어진다. 그리고 날숨 후에 수 초간 또는 10~20초 이상의 시간 동안 '호흡정지'가 나타난다. 자신의 의지와 상관없이 이런 호흡정지 현상이 나타난다.

명상 수련을 처음 시작하는 시점에서는 이런 호흡정지를 경험하지 못할 수도 있다. 나도 초기에는 이것을 경험하지 못했고 수련을 6개월 정도 계속한 시점부터 이런 호흡정지가 뚜렷이 나타나는 것을 알게 되었다. 그때부터 수련 진행 15개월 정도의 시점까지는 호흡정지의 시간도 길어지고 그 느낌이 아주 편안하고 좋았다.

그러나 수련 진행 15개월 정도가 지난 어느 시점부터는 이 '호흡정지' 시간이 너무 길어져서 불편하고 답답함을 느끼기 시작했고 명상 수련을 6년 이상 하고 있는 지금 시점에도 호흡정지의 시간은 길어지고 답답하기만 하다.

호흡정지가 나타날 때의 느낌은 매우 묘하다. 호흡이 느려지면서 날숨 후에 호흡정지가 나타나고 숨이 차듯이 몸이 답답함을 느끼는데, 그럼에도 불구하고 호흡의 속도는 계속 느린 상태를 유지하거나 오히려 더 느려지고 호흡정지 상태는 계속해서 나타난다. 나의 의지와는 전혀 상관없이 마치 몸이 작정하고 호흡을 느리게 조절하는 느낌이다.

(들숨, 날숨, 호흡정지 상태 … 들숨, 날숨, 호흡정지 상태 …)

이런 식인데 이 '호흡정지 상태'에서 답답함을 느끼는데도 몸은 오히려 이 정지 상태를 더 길게 가져간다. 그리고 이 정지 상태의 느낌은 숨이 가빠지는 듯이 편안하지 않은 느낌이다.

이런 현상에 대한 과학적 연구의 결론이 허버트 벤슨 박사의 책《나를 깨라! 그래야 산다》(학지사, 2006년)에 실려있다.

이 책에 소개된 사례를 보면 허버트 벤슨 박사팀이 명상 수련 시 수련자의 뇌(brain)를 '기능적 자기공명 영상(fMRI)' 장치로 촬영했을 때 "명상훈련 동안 혈압, 심장박동, 호흡률과 같은 자율신경계를 통제하는 일차적 뇌(brain) 부위, 즉 변연계와 뇌간에서 혈액이 유의미하게 많이 흐른다는 사실을 관찰하였다"고 하며 "뇌간에서 이렇게 증대된 활동성으로 인해 호흡률을 낮추게 한 것으로 판명 났다"고 분명히 밝히고 있다. 명상 수련 시에 뇌(뇌간)가 호흡의 조정에 능동적으로 개입하는 것이 벤슨 박사의 과학적 실험과 측정으로 확인된 것이다.

그렇다면 호흡이 느려지고 심지어 답답할 정도로 정지되는 것이 무엇을 의미하고 무슨 이익이 있을까?

내가 명상을 하면서 가장 이해하기 힘들었던 것이 바로 호흡의 이런 정지 상태가 나타나는 이유였는데 이런 과정을 이해하기 위해 호흡에 관한 자료를 뒤지다가 '**보어 효과**(Bohr Effect)'라는 것을 만나게 되었다.

··· 보어 효과(Bohr Effect), 이산화탄소의 재발견

덴마크의 생리학자 크리스찬 보어(Christian Bohr)에 의해 1904년에 발견된 호흡에 관한 원리인데 그분의 이름을 따서 '보어 효과'라고 부른다. 쉽고 짧게 이 원리를 설명하면···

'혈액 속에 이산화탄소량이 더 많아지면 혈액 속 산소가 세포로 더 많이 공급된다'는 것이다.

예를 들면, 달리는 순간에 다리 근육이 활발하게 운동해서 산소를 많이 소모하면 다리 근육 혈관에 이산화탄소량이 늘어나는데, 이때 그 혈관에 녹아 있는 산소가 다리 근육 세포로 더 많이 잘 공급된다는 것이다. 이때 늘어난 이산화탄소는 단순한 폐기물이 아니라 산소공급을 더 늘리는 물질로 작용하는 것이다. 참 경이로운 생명 활동이다.

《숨만 잘 쉬어도 병원에 안 간다》(불광출판사, 2019년)라는 책의 저자 패트릭 맥커운은 호흡의 이런 과학적 측면을 활용해서 이산화탄소를 이용한 체력 강화 방법을 설명한다. 이 책에 실린 그의 설명에 따르면…

　-호흡을 날숨 후에 의도적으로 일시 정지시키면 혈액 내 이산화탄
　　소량이 늘어나고
　-이것(이산화탄소)의 높아진 압력으로 인해 혈액 속 산소가 전신의
　　조직(기관이나 근육)세포로 더 많이 공급되며
　-더 많은 산소를 공급받은 세포들은 활동성이 높아진다는 것이다.

그의 주장을 간단히 요약하면…
'숨을 내쉰 후에 호흡을 정지하고 더 많은 이산화탄소를 견딜 수 있도록 훈련하라. 그러면 더 많은 산소를 전신 조직으로 공급할 수 있기에 더 강한 체력을 얻을 수 있다'는 것이다.

이렇게 더 많은 이산화탄소를 견디는 것을 '이산화탄소 내성(耐性)'이라고 하는데 말 그대로 '내성-견디는 힘'이다.

명상 수련 시에 나타나는 호흡의 양상을 이산화탄소 내성과 관련지어 보자면,

명상 수련 시에 호흡은 (들숨, 날숨, 호흡정지 ···)
이렇게 진행되는데 바로 '호흡정지 ···' 상태의 시간이 길어질수록 이산화탄소 내성이 더 강해지는 것이라고 보면 되겠다. 그런데 특별히 의식하고 노력하지 않아도 우리 몸은 명상 수련 시에 이렇게 이산화탄소 내성을 기르는 방향으로 저절로 훈련이 이루어지는 것이다. 바로 이때에 호흡의 답답함을 느끼게 된다.

나도 보어 효과(Bohr Effect)를 모를 때에는 이런 답답한 호흡이 싫고 '내가 뭘 잘못하고 있는가?' 하고 의심하고는 했는데 지금은 단지 그런 호흡과 답답함을 받아들인다.

정리하자면, 우리의 몸은 명상 수련 시에 '이산화탄소 내성'을 기르는 방향으로 호흡을 느리게 더 느리게 가져가고 1회 호흡 시 호흡량을 최대한 줄인다. 그리고 호흡정지 시간을 늘려서 체내 혈액에 이산화탄소 보유량을 늘린다는 것이다. 그러면 혈액에 포함된 산소는 더 쉽게, 더 많이 세포(근육, 심장, 뇌 등 기관들 전체)로 공급된다.

따라서 명상 수련 시에 느껴지는 호흡(호흡정지)이 답답하더라도 그냥 지켜보고 있는 것이 가장 좋은 방법이다. 내 몸이 스스로 유익한 쪽으

로 움직이고 있다고 알고 있으면 답답한 것은 단지 느낌으로 그치고 다른 의심이나 두려움으로 발전하지 않는다.

그리고 명상 시 이런 호흡이 반복되면서 평상시의 호흡 속도가 느려지고 호흡량도 줄게 된다. 호흡 교정이 일어나는 것이다. 때로는 일상생활 중에도 이런 호흡정지를 경험하기도 한다. 나쁘지 않은 것이니 걱정할 필요가 없다.

그러면 명상 수련 시에 이런 답답한 호흡은 어느 정도의 시간을 유지하는 것이 적당할까? 잠깐씩 이런 호흡을 경험한다고 해서 호흡이 교정될 리는 없고 그렇다고 마냥 명상에 40~50분씩 시간을 보낼 수는 없는 일이다.

앞에서 소개한 《숨만 잘 쉬어도 병원에 안 간다》(불광출판사, 2019년)라는 책의 저자 패트릭 맥커운은 이 책에서 '뇌의 수용체를 재설정'하는 (호흡 속도를 느리게 하고 1회 호흡량을 줄이는) 이런 '호흡정지 훈련'은 10분 이상 진행될 때 효과가 있다고 설명한다. 명상 수련 시에 참고할 만하다.

몸의 움직임 또는 감각

명상을 통해 몸과 마음이 이완되면 될수록 부교감신경이 활성화되고 이에 따라서 소화 기관의 움직임이 발생할 수 있다. 혀 아래의 침샘에서 마치 분수처럼 침이 솟아나는 것을 느낄 수 있고 위장이 수축되고 장이 꿈틀댄다.

또한 만성적으로 수축되어 있던 근육들이 이완되면서 몸이 떨리거나 마치 뼈가 교정되는 듯한 움직임도 느껴질 수 있다.

피부나 얼굴 중에서 부분적으로 전기가 통하는 듯한 간지러움 또는 약간의 자극 등을 느낄 수 있다. 이런 경우 그 부위에 각질이 생겨 떨어져 나가거나 허물을 벗을 수도 있다.

내가 이러한 경험들을 세세하게 밝히는 이유는 여러분에게 이런 현상이 발생할 때 놀라거나 당황하지 말라는 뜻으로 얘기하는 것이다.

때로는 몸의 일부 또는 전체에서 뭐라 말하기 힘든 강한 쾌감을 느낄 수도 있다. 나는 지난 6년간 특히 수련 초기에 그런 강한 쾌감을 두세 차례 느낀 적이 있었다. 그 느낌이 하도 강하고 생생해서 아직도 기억에 남는다. 그러나 그런 쾌감은 내가 원한다고 해서 느낄 수 있는 것이 아니다. 따라서 여러 가지 통증이나 가려움 같은 하나의 감각으로 이해해야 할 것이다. 어떤 감각이든 결국에는 사라지고 다시는 나타나지 않을 것이다. 명상을 시행하여 이완반응이 일어날 때에는 감각이 매우 예민하게 느껴진다는 점을 명심해야 한다.

5 ◗

지루함

우리가 운동을 할 때에는 숨이 차고 힘이 들고 땀이 나면서 우리가 운동하고 있다는 것을 알 수 있다. 이와 달리 명상은 우리가 명상하고 있다는 것을 확신하기에는 관찰할 수 있는 현상들이 매우 고요하고 내면적이기 때문에 자칫하면 지루함으로 빠져들 수 있다.

나도 초기에는 명상을 하면서 '이게 뭐 하는 짓인지, 내가 제대로 하고 있는 것인지' 확신할 수 없었고 그러면서 명상 시간이 지루하게 느껴졌다. 그러나 이러저러한 명상서적과 의학서적들을 읽으면서 이완되면 부교감신경이 활성화된다는 것을 알게 되었고, 그럴 때 나타나는 현상들을 관찰하고 확인하면서 이런 지루함을 물리칠 수 있었다.

몸의 감각과 호흡의 감각에 집중하며 이완반응을 끌어내고 이에 따라 발생하는 현상들을 관찰하다 보면 지루하지 않다. 그리고 이완반응이 일어났을 때 나타나는 편안한 마음과 편안한 몸을 그대로 유지하고 즐기는 시간으로 만들면 된다.

명상 수련을 할 때에 지루함을 느낀다는 것은 바꾸어 말하면 산만하고 집중하지 못하고 있다는 것이다. 그럴 때는 집중의 대상을 다시한번 되새기고 몸의 이완 상태를 점검하고 몸에서 느껴지는 통증과감각에 집중하며 자신의 호흡 상태를 살펴보는 등 내적인 관찰 활동에 집중하도록 한다.

6

유레카의 체험,
순간적인 통찰과 이해

　명상 수련 초창기에 아주 재밌고 깜짝 놀랄만하며 명상의 효과를 직접적으로 체감할 수 있는 순간이 있다. 순간적인 통찰 또는 이해를 경험하는 순간이다.

　마치 하늘에서 벼락이 치는 듯한 짧은 순간, 시계의 초침이 움직이려고 꿈틀대는 정도의 짧은 순간에 어떤 아이디어가 번쩍 떠오르거나 궁금했지만 마땅히 답을 찾지 못해서 묻어둔 것들이 한순간에 이해되고 모두 풀리는 것이다.

　마치 아르키메데스가 왕이 내어준 숙제를 풀어내고서 너무 기쁜 나머지 "유레카"를 외쳐대던 순간과 비슷하다. 아르키메데스는 왕관이 진짜인지 가짜인지 알아내라는 왕의 지시를 받고 골몰하다가 목욕탕에서 순간적으로 문제를 풀어냈다고 하는데 목욕하는 시간은 '긴장'이 모두 풀리고 '이완'이 극대화된 시간이다. '이완되었다'라는 측면에서 아르키메데스의 목욕 시간이나 명상 수련의 시간은 비슷하다고 볼 수 있다.

하여튼 이런 '유레카'의 순간에는 주로 과거에 이해하지 못했던 문제들이나 미처 고려하지 못했던 과거 상황의 변수라든가, 상대방의 이해관계 또는 기타 놓쳤던 것들이 이해가 된다. 그리고 평소 매우 궁금했지만 마땅한 해답을 찾을 수 없어서 그냥 묻어두었던 문제들에 대해서도 이 책과 저 책의 내용이 서로 연결되면서 자연스레 답이 떠오르기도 한다.

이런 경험을 하면 경이롭기도 하고 자기 자신이 기특해지기도 하는데 모두 명상의 효과를 자기 몸으로 체험하는 순간이라고 이해하면 된다. 자신도 모르게 오랫동안 그 답을 찾다가 풀지 못해 묻어둔 문제를, 잠재의식은 집요하게 그 답을 찾아왔다가 답을 내놓은 것이다. 명상이 바로 잠재의식의 활동을 자극하고 의식세계로 떠오르도록 한 것이다.

이는 명상이 두뇌에 미치는 긍정적인 변화를 원인으로 볼 수도 있다. 명상은 뇌에 물리적, 전기적, 화학적으로 많은 변화를 가져오게 되는데 이 모든 변화가 종합적으로 작용하여 이런 작용이 일어난다고 보여진다.

그런데 이런 순간적인 통찰을 경험하지 못한다고 해서 실망할 필요는 없다. 위의 설명처럼 누구에게나 명상은 만성적인 스트레스로 인한 두뇌의 오류를 개선하고 더 나은 상태로 만들어주기 때문이다. 단지 각자의 출발점에 따라 다를 뿐이다.

보다 근본적으로 중요한 것은 이러한 '통찰과 이해가 명상의 순간에서 일상의 생활로 들어오는 것'이다. 그러기 위해서는 꾸준히 수개월 이상 수년간 명상을 수련해야 한다.

수개월 이상 수련 시
나타나는 현상들에 대한
이해와 해결 방법

명상 1.0

• • •

명상은 자신의 몸과 마음에 변화를 일으키는 것이다. 특히 몸에는 전기적, 물리적, 화학적인 균형점(교감신경계와 부교감신경계 중에 어느 한쪽이 우세하거나 균형을 이루고 있는 상태. 만성적인 스트레스는 교감신경계가 일방적으로 우세한 상태로 균형점을 설정하게 된다)이 있는데 변화는 이 균형을 깨고 다른 균형점을 설정하게 된다.

이런 내적인 변화에는 어려움이 있는데 먼저, 오랜 시간 존재해 온 균형점이 관성을 유지하려 한다는 것이고 그에 따라서 변화에 저항이 따른다는 것이다.

예를 들어서 만성적인 스트레스에 시달리던 사람이 명상을 수련하면 몸속의 주류적인 호르몬이 마치 정권이 교체되듯이 변화한다. 스트레스 호르몬이 대폭 줄어들고 이완 상태의 호르몬이 주류를 이루게 된다. 명상 수련이 반복되어 이런 주류 호르몬의 교체가 반복되면 평상시의 호르몬 비율(스트레스 호르몬-이완 상태의 호르몬)에도 변화가 생긴다. 이 과정에서 관성에 따른 저항이 발생할 수 있다.

어떻게 보면 이런 변화에 대한 저항, 일종의 금단증상을 겪는다는 측면에서 명상은 금연, 금주와 비슷하다. 다만 그 대상이 스트레스라는 것만이 다를 뿐이다. 사람마다 다르겠지만 대체로 중년 이상으로 나이가 많은 편에 속하고 그 나이만큼이나 오랜 기간 스트레스에 시달려왔을수록 이런 금단증상을 겪을 수 있는 확률은 높아진다.

스트레스는 전신의 근육을 만성적으로 긴장, 수축시키고 혈액의 스트레스 호르몬 농도를 만성적으로 높인다. 그런데 명상 수련을 2~3개월 이상 계속하게 되면 근육의 긴장도와 혈액 내 스트레스 호르몬 농도에 변화가 생긴다. 근육은 점점 이완되고 스트레스 호르몬 농도는 점점 낮아진다. 바로 여기서 통증과 감정의 저항이 발생하게 된다. 이것이 명상 수련으로 몸에 자리 잡았던 스트레스 반응을 제거하는 과정에서 발생하는 일종의 '금단증상'이다.

이 두 가지 고비는 명상을 수련해 가는 데 있어서 걸림돌이 될 수 있기 때문에 미리 알아두는 것이 좋다. 다행히도 이 2개의 고비는 일시적으로 나타났다가 말끔히 사라지고 다시는 나타나지 않는 현상들이기 때문에 단지 잘 견디어내면 된다. 명상 수련 초창기에 넘어야 할 이 2개의 고비는 일종의 통과의례라고 생각하면 되고 1차 임계점을 넘어서 근본적인 변화가 진행되고 있다는 신호로 생각하면 된다.

이 두 가지를 제외하면 크게 고비가 될만한 것들은 없다. 더불어 몇 가지 더 짚어볼 것이다.

1 ☽

통증

오랜 기간 스트레스를 겪다 보면 우리 몸의 근육들은 만성적으로 긴장하고 수축된 상태를 유지한다. 이것은 본인들도 잘 느끼지 못한다. 명상을 처음 시작해서 근육을 완전히 이완시키면 마치 젖은 낙엽이나 바다에 뜬 해초들처럼 늘어지고 이완하게 되는데 그때 비로소 자기 몸의 근육들이 평소에 얼마나 긴장했었는지 알 수 있게 된다.

이렇게 온몸의 근육을 이완시키는 명상 수련을 계속하게 되면 근육의 긴장도는 점점 낮아지게 되고 그에 따라 여기저기 돌아가면서 아프게 된다. 통증을 겪는 것이다.

내 경우에는 처음에는 등이 아팠다가 허리, 어깨, 발목 등이 돌아가며 통증을 겪었고 그것도 주로 오른쪽이 그랬었다. 아마도 내가 오른

손잡이라 스트레스 상황에서 오른쪽 근육들이 더 긴장되고 수축되어서 그런 게 아니었을까 하고 생각하고 있다.

특이한 것은 명상을 수련하는 시간에만 아프다는 것이고 명상을 끝내면 통증도 같이 멈춘다는 것이다. 즉 명상으로 인한 이완이 통증의 직접적인 원인이라는 것이다.

이것을 아는 것은 매우 중요하다. 명상으로 인해 발생하는 통증과 그렇지 않은 통증을 구별하는 기준이 될 수 있기 때문이다. 명상 시간과 상관없이 항상 통증이 느껴지는 부위가 있다면 아마도 병원에 가서 의사의 도움을 받아야 할 것이다.

나는 명상으로 인해 격심한 통증이 생기는 이유가 매우 궁금했었는데 우연히 일본의 면역학자 아보 도오루 박사의 책에서 그 원리를 찾아낼 수 있었다. 박사의 설명을 간단히 보면 이렇다.

"근육을 과도하게 쓰게 되면 근육 혈관에 피로 물질이 쌓이고 이것이 혈액순환을 방해해서 회복을 힘들게 한다. 그런데 그 근육을 이완시키면 혈관이 순간적으로 확장되고 그 전보다 상대적으로 많은 혈액이 한꺼번에 흘러 들어오게 되는데 그 과정(혈액의 압력 증가)에서 통증이 발생한다"[4] 는 것이다.

즉 스트레스로 인해 장기간 수축되어 있던 근육들이 명상 수련 시

4 출처-《만병의 원인은 스트레스다》, 아보 도오루 지음, 부광 출판사, 2009년

순간적으로 이완되면서 발생하는 통증이라는 것이다. 이래서 명상 수련 초창기에 이런 통증이 발생하고 반복된 명상 수련으로 근육의 긴장도가 떨어지면 다시는 그 통증이 오지 않고 사라지는 것이었다.

내 경험으로 얘기하자면 명상 수련 시에 나타나는 통증의 강도는 매우 강하다. 통증도 통증이지만 명상 수련 시에는 감각이 매우 예민해지는데 그 예민해진 감각이 통증을 더욱 강하게 느끼도록 하는 게 아닌가 하고 생각한다.

그나저나 그 통증은 정말 아프다. 명상을 그만두고 싶을 정도로 아플 뿐만 아니라 그 통증의 종류도 여러 가지로 다양하다. 뻐근하게 아픈 것도 있고, 쑤시듯이 아픈 것도 있고, 쥐어짜듯이 아플 때도 있다. 어떨 때는 너무 아파서 명상을 중단하고 산책을 나간 적이 있을 정도로 통증이 심했었다.

다행히도 명상 시에 발생하는 통증은 여기저기 허리, 어깨, 목, 등, 발목 등을 돌면서 나타났다가 하나씩 사라져 가고 다시는 나타나지 않는다. 명상 수련 시에는 더 이상 오지 않는다는 말이다.

이것과 더불어 앞에서 얘기한 것을 잘 기억해야 한다. 명상 시에 나타나는 통증과 명상하지 않는 시간에도 나타나는 통증은 구별해서 대응해야 한다는 것이다. 명상 시간이 아닌 평상시에 나타나는 통증은 의사의 도움을 받아서 치료해야 한다.

이 글을 쓰기 위해 아보 도오루 박사의 책을 다시 읽어보니 명상 수련 시에 심한 통증을 느끼는 부위를 따뜻하게 찜질해 줬으면 더 빠르게 통증이 사라지지 않았을까 하는 생각이 든다.

나는 근육 외에도 다른 부위들에 통증을 겪고 사라진 경험도 있지만 그것 역시도 혈액순환으로 인한 작용으로 이해하고 있다. 다만 이는 사람마다 다를 수 있으니 명상 수련 시에 통증으로 인해 불안하다면 언제든지 병원에 가서 의사의 도움을 받는 것이 좋다.

2 ◗

마음의 저항

이 부분도 역시 사람마다 다를 수 있다. 어떤 사람들은 명상 수련으로 인한 마음의 저항을 겪을 수도 있고 아닐 수도 있으며, 겪는다고 해도 그 정도가 사람마다 다 다를 것이다.

강한 스트레스를 심하게 겪고 마음에 항상 분노가 많았던 사람이라면, 그리고 그 기간이 상당히 오래된 경우라면 마음의 저항을 겪을 확률이 높아지고 그 정도도 심할 수 있다. 반대로 성격이 덤덤한 편이라별다른 스트레스 없이 살아온 사람들은 명상 수련으로 인한 감정의저항을 겪지 않을 수 있다.

마음의 저항 역시 통증과 비슷하게 명상 수련 시에 강하게 나타난다. 그리고 명상을 끝내면 역시 사라진다.

마음의 저항은 강력한 분노로 나타난다. 명상 수련을 하는 시간에 이해할 수 없는 강력한 분노의 감정이 치솟아 오르거나 공격적인 태도를 취하게 되는 것이다. 이때 분노의 대상은 주변에 있는 가까운 사람 중에 한 명이 될 것이다.

이러한 '감정적인 역전 현상', '마음의 저항'은 사실 그 진원지가 몸에서 시작되는데 그 원리가 비교적 단순하니 간단히 설명하면 이렇다.

인간의 생명 활동은 전기적, 화학적, 물리적으로 측정하는데 스트레스 상태가 지배적인 사람의 경우에 '전기적으로 뇌파는 베타파가 우세하고, 화학적으로는 혈액 내에 스트레스 호르몬 농도가 높으며, 물리적으로는 심장박동과 호흡이 빠르고 혈압이 높은…' 이런 상태이다.

문제는, 이런 경우에도 이런 상태 나름대로 균형(전기적, 화학적, 물리적)을 유지하고 있었는데 반복적인 명상 수련으로 이 균형이 무너지고 새로운 균형이 설정되는 과정에서 저항이 발생하는 것이다. 몸의 입장에서는 과거의 오랜 균형을 버리고 새로운 균형(전기적, 화학적, 물리적)을 설정하는 것이 쉽지 않기 때문이다. 특히 호르몬의 경우에는 정권이 교체되듯이 호르몬의 종류가 바뀌니 몸의 입장에서는 더 충격이 클 것이다.

이것이 대부분의 사람들이 스트레스를 일으키는 습관을 쉽게 바꾸지 못하는 이유이다. 살던 대로 사는 게 편하기 때문이다. 나도 그랬지만 특히 나이 든 사람들이 이럴 수 있다.

명상을 전문적으로 연구한 과학자 조 디스펜자 박사의 책《꿈을 이룬 사람들의 뇌》(한언출판사, 2009년)를 보면 박사는 인간의 감정적 변화를 일종의 '호르몬 변화'로 인한 화학적 작용으로 설명하고 있다. 박사의 설명에 비추어 보면 명상 수련 시간에 별것 아닌 일과 별 볼 일 없는 사람 때문에 크게 화가 나는 이유가 바로 스트레스 호르몬에 대한 금단증상이라고 이해할 수 있는 것이다.

만일 명상 수련 중에 이러한 현상을 겪는다면 명상을 중단하고 산책 등으로 몸을 살살 달래는 한편 분노의 대상을 잊으려고 노력해야 한다. 몸을 상대로 일종의 밀고 당기기가 필요하다.

강도 높은 근육 운동이나 폭발적인 속도의 달리기, 힘든 등산 등으로 몸의 힘을 빼고 나서 명상 수련을 하는 것도 좋은 방법이 될 수 있다. 이렇게 자신의 몸과 밀고 당기기를 반복하면서 명상 수련을 계속해 나가면 이러한 감정의 극단적인 저항은 사라지고 다시는 나타나지 않는다. 일단 새로운 균형점이 설정되면 몸이 더 이상 저항하지 않기 때문이다.

명상 수련을 시작해서 이러한 현상까지 겪고 극복했다면 축하할 만한 일이다. 자신을 변화시키고 길들이는 첫 번째 힘든 관문을 통과한 것이다. 그런 사람의 몸에는 근본적인 변화가 일어나서 과거의 오랜 균형을 버리고 새로운 균형(전기적, 화학적, 물리적)이 설정되었다고 보면 될 것이다.

이러한 균형점의 문제 중에서 특히 사람의 감정을 호르몬 작용으로 설명하는 조 디스펜자 박사의 이러한 관점은 여러모로 흥미로운데 이는 자신의 감정을 이해하고 다른 사람의 감정까지도 이해할 수 있는 열쇠가 될 수 있다.

여담이지만 이런 관점을 적용하면 사람들이 왜 그토록 첫사랑에 끌리고 그 사람을 닮은 사람들에게서 못 벗어나는지 이해할 수 있다. 단순히 연상작용(기억)이 불러낸 호르몬의 작용으로 설명이 가능하다.

나는 이렇게 마음의 저항을 겪고 나서 나의 감정이라는 것을 믿지 않으려고 노력하고 있다. 사람의 감정이 단지 어떤 몸의 균형점이나 호르몬의 작용이라면 믿을만한 것이 못 된다고 느껴지기 때문이다.

나는 이런 호르몬의 작용을 반대로도 사용한다. 뭔가 삶의 의욕이 떨어지거나 활력이 떨어진다고 느껴지면 나의 젊은 시절, 의욕과 활력이 충만했던 시절을 기억하게 해주는 것들을 찾아보고 그때의 음악을 듣는다. 때로는 유튜브로 군가까지 찾아서 들어보기도 한다. 그러면 산을 뛰어 올라가며 훈련받던 기억이 나고 내 안에서 뭔가 힘이 솟아나는 느낌이 든다.

요즘 나보다 연배가 위인 연세 지긋하신 분들이 트로트를 많이 듣는 이유도 사실 젊은 날을 추억하고 활력을 다시 북돋으려는 작용이 아닌가 이해된다.

아무튼 이런 감정의 균형적이고 화학적 원리를 잘 이해하면 감정의 저항이라는 막강한 장애물을 넘어서 명상 수련을 순조롭게 계속해 나갈 수 있을 것이다. 나의 의지와 상관없이, 심지어 나의 의지를 방해하는 내 몸의 관성과 저항 때문에 자기를 길들이는 근본적인 변화의 작업(명상 수련)을 중단할 수는 없는 것이다.

3

사라지는 습관들

나도 마찬가지지만 대부분의 사람들이 살아오면서 의도적으로 자신의 몸과 마음을 이완시키는 훈련을 해본 적이 없을 것이다. 학교에서나 군대에서도 또는 직장에서도 이런 것을 배워본 적이 없기 때문이다.

그렇지만 누구나 본능적으로 휴식과 이완의 욕구가 있고 스트레스를 해소하고자 특정한 행위를 해왔을 것이다. 어떤 것들이 있을까? '사우나, 찜질방, TV 보기, 영화 보기, 수다 떨기, 산책, 음식을 먹거나 십자수 뜨기, 컬러링 북에 색칠하기, 기타 등등' 여러 가지가 있을 것이다.

나의 경우에는 사우나와 산책을 즐겼었는데 명상 수련을 시작한 이후에는 하지 않게 되었었다. 내게는 그 두 가지가 나의 몸과 마음을 이완시켜서 스트레스를 해소하는 수단이었던 것인데 명상을 수련하면서 더 이상 필요치 않게 되었던 것이다.

　만약 여러분이 앞에서 열거한 행위들 중 몇 가지를 휴식과 이완의 수단으로 무의식적으로 하고 있었다면 명상을 수련한 이후에는 더 이상 하지 않을 수도 있다. 필요를 느끼지 못하기 때문이다. 왜냐하면 명상 수련을 통해 얻게 되는 이완반응은 앞의 행위들과는 비교할 수 없을 정도로 휴식과 이완의 효과가 강하고 깊기 때문이다. 본능적으로 행하던 휴식과 이완을 의도적인 명상 수련으로 대체하면서 그런 습관들이 사라질 수도 있는 것이다.
　결과적으로 이것은 매우 자연스러운 현상이지만 따져볼 만한 것도 있다. 옥석을 가려서 남길 것은 남기고 버릴 것은 버려야 한다.

　나의 경우에는 명상을 수련하면서 거의 반년 이상 걷기 운동을 하지 않았는데 이것은 결과적으로 좋지 않은 것이었다. 걷기는 나에게 휴식과 이완의 욕구에 따른 본능적인 행위였지만 엄연히 운동 효과가 있는 것이었기에 이를 중단한 것은 나의 실수였다.
　사우나를 거의 가지 않게 된 것도 마찬가지였다. 이것 역시 휴식과 이완의 욕구에 따라 본능적으로 즐기던 것이었지만 중단하게 되었었다. 명상 수련을 하면서 필요를 아예 느끼지 못했던 것이었다. 나중에 따져보고 나서 의식적으로 일주일에 한 번은 땀을 내기 위해 사우나를 다시 하게 되었었다.

　명상 수련을 초기 3개월에서 6개월 정도 계속하게 되면 한결 편안하고 가벼운 몸과 마음의 상태를 경험할 수 있게 되는데 그 와중에 자신의 습관 몇 가지가 변하거나 사라질 수도 있게 된다. 앞에서 나의 경우를 예로 든 것처럼 자신이 잘 따져보아서 계속할 만한 가치가 있는 것들은 중단하지 않도록 해야 할 것이다.

4

명상에
게을러질 수 있다

굳게 결심하고 운동을 시작해서 어느 정도 자신감도 생기고, 체력도 좋아진 거 같고, 살도 빠진 거 같고, 근육도 붙은 거 같으면 하루 이틀 운동을 빼먹는 날들이 슬그머니 생겨난다. 때로는 각종 핑계를 창작해서 스스로 정당화하며 운동을 안 하기도 한다. 누구나 이런 경험이 있을 것이다.

같은 현상이 명상 수련에서도 발생한다. 이유를 간단히 말하자면 한마디로 이제는 몸이 좀 살만해진 것이다. 명상을 수련하기 시작하던 시절의 급한 불은 꺼지고 조금 살만해지니까 몸이 꾀를 내는 것이다.

이럴 때는 간단한 답이 있다. 며칠간 명상을 중단해 보는 것이다. 사람에 따라서 다르겠지만 몸이 먼저 느낀다. 지금은 내가 명상 수련을 시작하여 계속한 지 6년이 넘었지만 아직도 이틀에서 3일 정도 사정이 있어서 명상 수련을 건너뛰면 그만큼 컨디션이 나빠지는 것을 느낀다. 이것은 나이를 먹을수록 심하다.

명상은 수련을 계속할 때에는 그 힘과 위력을 잘 느끼지 못한다. 그러나 자신의 게으름 때문이든 환경적인 영향이든 며칠 또는 그 이상의 기간동안 수련을 중단하게 되면 그 힘의 공백을 바로 느낄 수 있다. 자신의 몸과 마음을 지켜주던 강력한 방패가 사라진 느낌을 알 수 있게 되는 것이다.

5 ◗

명상으로 인한
무기력증과 피로감이
생길 수 있다

이것은 누구에게나 해당되는 말은 아니다. 몸과 마음이 너무 편안하게 생활하고 운동량과 신체활동량, 그리고 정신적인 긴장이 아주 적은 사람에게 해당될 수 있는 것이다.

명상 수련으로 인해 무기력증과 피로감이 발생한다고 해서 명상이 원인이라는 것은 아니다. 정적인 생활로 일관하는 사람에게도 명상은 유익한 결과를 줄 수 있으니까 말이다. 문제는 그런 사람들이 운동량, 활동량, 정신적 긴장이 너무 없거나 적은 것이 문제가 될 수 있다. 그래서 생기는 문제이다.

일본의 면역학자 아보 도오루 박사에 따르자면 "부교감신경계가 우월한 경우 체온이 낮아질 수 있는데 체온을 높이고자 에너지를 소모하는 경우에 피로감이 발생할 수 있다"[5] 고 한다.

운동량이 적으면 근육량이 적고 가동률도 떨어지면 체온이 낮아질 수 있다는 것이니, 이런 경우에 체온을 올리고자 에너지를 소모하면 피로감을 느낄 수 있다는 맥락으로 이해하면 된다.

따라서 자신의 활동량이나 운동량이 너무 적다고 생각되는 경우 적절하게 몸을 움직이거나 운동을 해서 체온을 높인다면 명상 수련을 하면서 생겨나는 피로감을 극복할 수 있을 것이다.

나의 경우에는, 처음에 명상 수련을 시작해서 6개월 정도는 명상이 주는 이완감의 편안함에 푹 빠져서 살았었다. 바로 그때 즈음해서 무기력증을 경험했었다. 스트레스를 이기는 것은 좋지만 부교감신경이 우세한 상태를 오랜 기간 유지하면 이렇게 무기력한 상태가 따라올 수 있다.

적절하게 강도 높은 운동을 결합하거나 찬물로 샤워를 하는 방식으로 적절하게 자율신경의 균형을 맞추어서 무기력증을 물리치고 예방할 수 있다. 하루에 두어 번 정도, 한 번에 30분 정도씩 운동을 해서 교감신경을 충분히 가동하면 가능하다. 뒤의 맺는말에서 좀 더 자세히 설명하겠다.

5 　출처-《만병의 원인은 스트레스다》, 아보 도오루 지음, 부광 출판사, 2009년

명상 수련을 잘하는 방법

· · ·

　명상을 잘한다는 것은 이완반응을 능숙하게 잘 끌어낸다는 것이다. 빠르게 이완반응을 잘 끌어내고, 보다 '깊은 이완 상태'로 들어가며, 그 상태를 의도하는 시간만큼 잘 유지하는 것이다.

　외적으로는 그것을 호흡으로 확인할 수 있다. 허버트 벤슨 박사의 책 《이완반응》(페이퍼로드 출판사, 2020년)에서 소개된 실험의 대상이 되었던 초월명상 수련자들은 아주 짧은 시간 내에 산소 섭취량을 평소보다 10~20% 정도 줄였었다. 명상에 숙달된 사람들의 좋은 예라고 볼 수 있다. 위와 같은 경지에 이르기 위해서는 바른 방법으로 수개월 이상 명상을 규칙적이고 반복적으로 계속해서 수련해야 한다.

　이 장에서는 어떻게 명상 수련을 해나가야 하는지, 어떻게 하는 것이 명상 수련을 잘하는 것인지 짚어보기로 하겠다.
　간략하게 미리 설명하자면 명상 수련을 잘한다는 것은
　－매일 규칙적으로 명상을 1~2회 수련하고
　－명상 수련 시에 이완반응을 끌어내며, 가급적 깊은 이완 상태를 경험하는 것, 이 정도로 요약할 수 있겠다.
　이렇게 명상 수련을 하는 데 있어서 목표는 위에 예를 든 초월명상 수련자들처럼 명상 수련 시 호흡량(산소 소비량)을 줄이는 것이다. 그러나 억지로 호흡을 조절하거나 줄이는 것이 아니라 자연

스럽게 이완을 통해서 그런 몸을 만드는 것이다. 이 명상 방법은
절대로 호흡을 조절하거나 줄이지 않는다.

  명상 수련을 할 때 호흡량을 줄이는 것은
  −1회 호흡 시 들숨과 날숨의 양이 줄고,
  −날숨 후에 '호흡정지' 시간이 길어지는 것을 의미한다.
  (명상 수련 초기에는 '호흡정지'가 너무 짧아서 느끼지 못할 수도 있다.
그러나 수련이 계속되면서 이 '호흡정지'는 점점 그 시간이 길어진다. '호흡
정지'가 편안하다고 느껴지는 시기를 지나면 답답함을 느낄 만큼 그 시간이
길어지는 시기로 들어간다.)

  허버트 벤슨 박사는 이처럼 호흡량이 줄어드는 것을 "교감신경계
의 활성 감소를 시사한다"고 말했었다. 교감신경계와 부교감신경계
가 시소처럼 한쪽이 올라가면 한쪽이 내려가는 길항 관계임을 고려
하면 교감신경계의 활성 감소는 부교감신경계의 활성 증가를 의미
한다고 볼 수 있을 것이다. 즉 명상 수련을 통해 그리고 일상의 스
트레스 관리를 통해서 부교감신경계를 활성화시키는 것이 목표가
되는 것이다.

  그렇다면 지금부터 명상 수련을 잘하기 위해서 세세한 사항을 하
나씩 짚어보겠다.

1

명상을 생활 속 습관으로 만드는 방법, 작게 시작한다

명상이 아무리 좋은 것이라고 하더라도 현실적으로 직장생활이나 자기 사업을 하면서 일과 중에 일부러 시간을 내서 하기에는 너무나 바쁘게들 산다. 의지의 문제로만 돌리기에는 현실의 삶이 너무나 빡빡하고 여유들이 없다.

게다가 명상은 주변에 하는 사람들도 별로 없고 언론이나 미디어에도 별로 소개되지 않았기 때문에 선뜻 시작하는 것이 낯설고 그래서 힘들 수 있다. 이럴 때 좋은 방법은 아주 작게 시작하는 것이다. 짧은 시간 순간순간 이완반응의 맛을 봐가면서 충분히 적응되었을 때 본격적으로 수련을 시작하는 것이 스스로에게 적응기를 주며 순조롭게 시작할 수 있는 방법이다.

명상을 수련하려는 동기가 확실한 사람들, 이를테면 몸이 너무 좋지 않아서 자기관리를 위해 명상을 시작하거나 장기간 시험공부를 하기 위해 명상을 시작하는 사람들은 이런 단계를 거치지 않고 바로 본 수련을 시작해도 좋을 것이다.

다만 이런 사람들을 제외하고 직장생활이나 자기 사업을 하는 대부분의 사람들은 일상생활 시간에도 쫓겨서 운동하고 잠 잘 시간도 내기 힘들 것이다. 이런 사람들이 명상에 접근하는 방법은 잘게 썰어서 접근하는 방법뿐이다. 이것이 반복되면 뇌에서는 그런 이완반응의 중요성을 깨닫고 다른 것보다 명상을 우선하려고 할 것이다. 그렇게 해서 하고 싶게 만든다.

처음에는 5분 10분 정도 여유가 생길 때마다 **'눈을 감고 근육을 이완하는 데 집중'**한다. 머리끝부터 발끝까지 근육의 상태를 점검하고 이완시킨다. 근육 이완이 핵심이다. 가능하면 이어폰으로 청각도 차단하는 것이 좋고 빠르게 이완하기 위해서는 다음 두 가지를 활용하면 좋다.

 −소리 : 힐링 음악이나 개울물과 같은 자연의 소리 등 자신을 진정시키고 편안하게 해주는 소리를 선택해서 듣는다.
 −연상작용 : 자신을 잔잔하게 미소 지을 수 있게 해주는 이미지를 선택해서 연상한다. 이것은 이완하기 가장 힘든 얼굴과 턱, 혀를 이완시키는 데 탁월하다. 얼굴이 이완되면 온몸 근육의 이완이 쉬워진다.

시간 나는 대로 위의 행위를 반복한다. 그 정도 시간으로는 명상의 맛을 제대로 보고 이완반응을 완전히 끌어내기에는 부족하지만 아쉬운 대로 '깊은 휴식'의 효과를 보고 스트레스를 일부 진정시키는 효과가 있을 것이다.

이것을 반복하다 보면 마치 슴슴했던 음식의 참맛을 알고 중독되어 가는 것처럼 명상과 이완반응의 맛에 젖어 들게 된다. 그 맛을 어느 정도 알게 되었을 때 더 깊은 맛을 보고 싶은 순간이 찾아올 것이다. 그때가 명상과 인연이 생기는 때이다.

2

명상 수련 초창기에는
매일 약을 먹듯이
해야 한다

몸에 지병을 가지고 있는 사람들을 보면 매일 정해진 시간에 반드시 약을 먹는 모습을 볼 수 있다. 병원에서 의사들이 처방하면서 지시한 것을 그대로 따르는 것인데 환자들 스스로도 자신의 몸을 지키기 위해서 그렇게 하는 것이다.

스트레스 때문이든 공부를 위한 집중력을 기르기 위해서든 일단 명상을 수련하기 시작해서 빠르게 성과를 내고 싶은 사람들은 위의 사람들이 정해진 시간에 반드시 약을 먹는 것처럼 때를 정해놓고 반드시 명상을 수련하는 버릇을 들이는 게 좋다. 빠르게 이익이 된다는 얘기다.

수련 초창기에 명상은 아무 때나 시간이 날 때마다 한다고 해서 성과가 빠르게 나오지 않는다. 매일 매일 규칙적으로 정해진 시간에 반복적으로 수련해야 성과가 빠르게 나온다.

여기서 성과라는 것은 부교감신경이 활성화되고 자율신경계에서 그 주도권이 점점 강해지는 것을 의미한다. 그래야 몸에 고착되어 있던 스트레스 반응을 빠르게 와해시킬 수 있다.

일단 자신의 몸에서 뭔가 시원하고 개운한 명상의 맛을 보기 시작하면 누가 시키지 않아도 계속하게 된다. 이 단계까지는 정해진 때에 약을 먹는 것처럼 매일 규칙적으로 수련해야 그 임계점을 빠르게 넘어설 수 있다.

명상을 대하기를 약처럼 대하고 스스로에게 주사를 놓는다고 생각해야 한다. 최소 8주 정도는 이렇게 스스로 하루 중에 때를 정해서 투약하듯이 해야 한다. 실제로 명상 수련을 하면 몸에서 중요한 변화들이 많이 생기는데 이것을 느끼고 즐겨야 한다.

허버트 벤슨 박사의 연구에 따르면 규칙적이고 반복적인 명상 수련은 약 8주 정도면 유전자 수준까지 변화를 일으킨다고 한다.[6]

이 단계를 넘어서면 명상을 하고 안 하고의 차이를 스스로 확연하게 느끼게 되는데 그때가 되면 몸이 알아서 명상을 원하게 되는 것이다.

---

6 참고-《이완혁명》, 허버트 벤슨 지음, K-BOOKS 출판사, 2013년

3 ☽

몰아서 한 번에
긴 시간 동안 하는 것은
좋지 않다

아무리 좋은 음식이라도 한 번에 많이 먹으면 '과식'이 되고, 아무리 좋은 약이라도 한 번에 많이 복용하면 '오남용'이 될 수 있다. 명상도 그렇다. 매일매일, 규칙적으로, 정해진 시간만큼, 야금야금, 먼 길을 기어서 간다는 그런 여유 있는 마음으로 수련해야 한다.

명상을 해서 이완반응을 성공적으로 끌어내면 호흡이 점점 느려지고 한 번에 호흡하는 산소의 양도 매우 적어진다.

이 상태는 약한 수준의 '저산소 스트레스'를 겪는 상태이자 신진대사의 속도가 매우 느려지는 '저대사 상태'이다.

이런 상태는 어디까지나 주기적으로 끌어내는 것이 좋으며 하루에 한두 번, 한 번에 20~30분 정도의 시간이 적당하다. '저산소 스트레스 상태'나 '저대사 상태'가 기본 상태가 되어서는 안 되기에 주기적으로 잠깐씩 끌어내는 것이다. 단식도 간헐적(주기적)으로 해야 이점만 취할 수 있는 것과 비슷하다.

아무리 좋은 방향이라고 해도 기본적으로 변화는 몸의 입장에서는 새로이 적응해야 하는 것이기에 부담이 따른다. 그래서 변화의 폭은 작게, 자주, 야금야금 먹어 들어간다는 생각으로 그 보폭을 줄이는 것이 좋다. 그래야 적응하기 쉬운 것이다. 며칠 만에 한 번 명상을 수련하면서 긴 시간 하게 된다면 적응도 어렵고 무리가 따를 수 있을 것이다.

앞에서 얘기한 것처럼 명상은 산소의 소비량을 줄이고 신진대사의 속도를 느리게 하는데 이런 변화는 완만하게 진행되는 것이 좋다. 그러기 위해서는 가급적 매일 규칙적으로 정해진 시간만큼 수련하는 것이 적응하기에도 좋고 무리가 따르지 않을 것이다. 이런 방법이 장기간 명상을 수련하는 데 무리가 없으면서도 오히려 빠른 시간 내에 그 성과를 볼 수 있는 방법이다.

나는 개인적으로 명상 이외에 단식도 해보았고, 특정한 호흡법도 수련해 보았지만 몸을 다루는 어떠한 행위도 급격한 변화는 좋지 않고 무리가 따른다는 결론을 내렸다. 나이가 많을수록 더욱 그렇다. 모든 변화는 아주 천천히 가는 게 좋다.

변화에는 저항과 반작용이 따르기 마련인데 이는 이론적인 기초를 갖춘 경험자의 지도 없이는 이해하기도 어렵고, 극복하고 넘어서기는 더 어렵다. 따라서 무리하지 말기를 바란다.

어차피 명상은 한번 시작하면 평생 계속할 가능성이 크기 때문에 처음부터 욕심을 내지 않고 매일매일 짧은 시간이라도 한다는 습관을 들이는 것이 좋다.

4

평소 일상생활에서
스트레스를 피하고, 막고,
최소화한다

할 수 있는 한 직장이나 여타 생활 속 스트레스를 최소화한다. 이것은 명상 수련 초기 3~6개월간 그렇게 스트레스 요인을 차단하고, 피하고, 멀리하라는 것이다. 할 수 있는 것에 대해서 그렇게 하라는 것이다.

명상 수련을 시작하고 6개월 정도 지나면 스트레스에 대한 대응 능력이 스스로 느낄 수 있을 만큼 좋아질 것이다. 무엇보다도 스트레스를 명상으로 무력화할 수 있다는 자신감이 생기기에 스트레스를 받아들이는 태도가 좀 더 낙관적이고 여유가 있어진다. 그런 태도가 스트레스를 줄여주기도 한다. 선순환의 고리를 또 하나 확보하는 것이다.

이렇게 일정 정도 대응 능력이 생기기 전까지는 스트레스를 최소화하는 것이 명상 수련에 도움이 된다. 마치 갓 낳은 강아지들을 애지중지 돌보듯이 자기 자신을 돌보는 기간이 필요하다. 2~3개월 정도 그 시기를 자신을 보호하고 명상 수련으로 보내고 나면 기존과는 다르게 스트레스의 정도가 약하게 느껴질 것이다.

운동을 하지 않던 사람이라면 운동을 하는 것도 좋은 방법이다. 내 경험상 과도한 음주, 과식, 탄수화물의 과량 섭취를 피하는 것도 짜증스러운 내적인 느낌을 줄이는 데 도움이 된다.

무엇보다도 매일 하는 규칙적인 명상 수련이 강력한 방패라는 것을 알고 믿어야 한다. 이완반응의 느낌을 체험한다면 이 말이 어떤 의미인지 바로 이해할 수 있다. 스트레스는 결코 명상의 방패를 뚫을 수 없다. 그렇게 스스로를 보호하는 초기 3개월 동안 스트레스에 대한 대항력은 몰라보게 좋아질 것이다.

불필요하게 번잡한 일을 벌이지 말고, 꼭 필요하거나 급한 일이 아니라면 잠시 중단하며, 만나서 불쾌하거나 만나지 않아도 될 사람이라면 피하고, 피할 수 있는 상황이라면 피해서 자기 자신을 보호해야 한다.

그러나, 이것은 어디까지나 명상 수련 초창기에 해당하는 얘기이다.

5 ◗

평소 생활에서
부교감신경을
활성화하는 방법

어렵게 생각할 것 없다. 아침에 짧은 시간이라도 명상을 하고 일과를 시작한다면 부교감신경 활성도가 높아진다. 그리고 명상을 할 때 이완되었던 느낌을 잘 기억해서 긴장될 때마다 그 느낌을 불러내서 몸을 이완시킨다.

하루 일과 중에는 수시로 자신의 몸 상태를 살펴서 근육이 긴장하고 있다면 이완시킨다. 몸 근육의 긴장도를 떨어뜨려서 정신적 스트레스를 완화하는 것이다. 명상에 익숙해지면 수시로 활용할 수 있다.

특히 얼굴을 이완시키는 것은 온몸 근육을 이완시켜서 부교감신경을 활성화하는 데 도움이 된다. 이완반응을 유도할 때 근육 중에 가장 이완시키기 힘든 근육이 얼굴, 턱, 혀 등이다. 앞에서 설명한 연상작용을 사용하여 얼굴을 이완시킨다면 턱과 혀 등이 모두 이완되고 이는 온몸 근육을 이완시키는 데 연결된다.

이렇게 일과 중에 수시로 몸을 스스로 살펴서 긴장도를 떨어뜨리고 이완시키는 것은 교감신경 활성도를 떨어뜨리고 부교감신경 활성도를 높이는 데 도움이 된다. 이렇게 이완은 한번 익히면 여러모로 써먹을 수 있다. 내 몸으로 내가 하는 것이기에 돈도 들지 않고 언제 어디서나 스스로 할 수 있다. 겉으로 크게 티도 나지 않기 때문에 누구의 눈치를 볼 필요도 없다.

6

부교감신경 활성도를
높이는 또 하나의 무기-
웃음

'웃자 무적'이다. 웃는 사람은 천하무적이라는 뜻이다.

웃는다는 것은 스트레스와는 상극이다. 서로 반대되는 행위라는 것이다. 웃음은 긴장을 풀어주고 웃는 사람을 기분 좋고 행복하게 만들어준다. 자주 웃는 시간을 만들어서 긴장을 풀어주면 스트레스를 많이 누그러뜨릴 수 있다.

이것은 교감신경의 활성도를 감소시키고 부교감신경이 좀 더 지배권을 행사하도록 만들 수 있어서 명상 수련 초창기에 매우 도움이 될 수 있는 것이다.

다행히도 억지로 웃을 필요는 없다. 유튜브 채널들을 비롯해서 인터넷 공간에는 유머 채널이 넘쳐나고 있다. 몇 가지를 골라서 시간 날 때 또는 시간을 내서 웃는 시간을 만들면 기분도 좋아지고 명상 수련에 도움이 될 수 있다.

《하버드 불면증 수업》(예문 출판사, 2019년)의 저자 그렉 제이콥스 박사는 자신의 책에서 "스트레스를 받았을 때 웃는 것은 스트레스에 작전타임을 외치는 것과 같다"고 표현했는데 참으로 절묘한 표현이다. '작전타임', 즉 중단시키는 것이다.

그는 이 책에서 또 중요한 것 하나를 지적했는데 "얼굴표정을 바꾸면 그에 상응하는 감정을 유발할 수 있다"고 했다. 즉 기분이 좋아서 웃을 수 있지만 반대로 웃어서 기분이 좋아지는 것도 가능하다는 것이다.

내가 명상 수련 초창기에 웃음을 권하는 이유는 후자에 가깝다. 의도적으로 재미있는 것을 보고 웃게 되면 부정적인 감정에서 탈출하여 기분 좋은 감정을 느끼게 되고 이것이 부교감신경의 활성도를 높이는 것이다. 바로 이게 초창기 명상 수련에 크게 도움이 되는 것이다.

나는 명상 수련 초기에 이런 중요한 사실을 알지 못했다. 나름 짧지 않은 세월 동안 명상 수련을 하고 그 원리를 탐구하면서 알게 된 것이다. 웃음을 무기로 삼아 부교감신경의 활성도를 평소에 높이고 교감신경의 활성도를 떨어뜨릴 수 있다면 명상 수련의 진전 속도는 더 빠르고 순조로울 것이며 따라서 그 성과도 좀 더 빠르게 맛볼 수 있을 것이다.

　또한 웃음은 자신을 보기 좋고 아름답게 만든다. 웃는 사람은 남자나 여자나, 아이나 노인이나, 누구나 보기에 좋은 인상과 얼굴을 만든다. 특히 자주 웃어서 웃는 모양의 주름이 눈가에 잡힌 사람의 얼굴은 나이가 들어도 밝아 보이고 느낌이 좋다.
　또한 웃음은 운동 효과도 상당하다고 한다. 정말 한 가지 행위에 많은 이익이 있는 것이다.

　이것과 일맥상통하는 얘기지만, 분노나 짜증 등 스트레스와 관련된 감정의 표현을 자제하는 것도 좋다. 스스로 의식해서 표정이나 말, 행동으로 부정적 감정을 표현하지 않도록 노력해야 한다.

　부정적인 감정을 표현하는 것은 자신의 뇌에 그 감정을 강화시켜서 싸울 준비를 하라는 신호를 주는 것과 같다. 아주 추운 날씨에 차 엔진을 미리 켜놓듯이 예열하는 것이다.

　감정은 말이나 몸으로 표현하면 더 강해지는 것을 느낄 수 있다. 감정은 부정적이든 긍정적이든 표현하게 되면 더 강해진다. 긍정적인 감정이 강해지는 것은 바람직스러운 일이지만 부정적인 감정이 강해지는 것은 피해야 할 일이다.

　생각에 말이 더해지면 더 강해지고, 거기에 행동까지 더해지면 더욱 강해진다. 명상 수련 초기에는 이런 부정적 감정의 표현을 최대한 조

심하고 자제해야 한다. 모두 다른 사람이 아닌 자기 자신을 보호하고
명상 수련을 발전시키기 위한 것이다.

7 ◗

완벽주의를
버린다

완벽하게 매번 명상을 해내고 최대한 이완반응을 빠르고 강하게 끌어내고 싶다는 것은 명상을 수련하는 사람에게는 당연한 목표이다. 그러나 명상을 수련하는 시간에 그런 생각을 가지고 있는 것은 방해가 된다.

정확하게 말하자면 그 생각과 열망이 강한 바로 그만큼 명상에는 장애물이 된다. 허버트 벤슨 박사가 수련법에 별도로 '수동적 태도'를 삽입하여 강조하고 있는 이유도 바로 이것이다.

그렇다면 왜 완벽하게 잘하려는 마음이 명상 수련 시에 도리어 이완반응을 끌어내는 데 방해가 될까? 이유는 앞에서 잡념에 대해 말하며 대략적으로 설명하였지만 다시 한번 살펴보자.

○ 명상 수련 시에는 자신의 몸과 호흡에 집중한다고는 하지만 이런저런 잡념들이 일어나기 마련이다. 이는 아주 자연스러운 현상이다.

○ 그런 자연스러운 잡념들이 일어나면 그것을 감지했을 때 다시 자신의 몸과 호흡에 집중하는 것으로 돌아가면 된다. 이것을 계속 반복하는 것이다.

○ 그런데 이렇게 잡념이 일어나서 방해받는 것에 대해 불만이 생길 수도 있다. 바로 명상을 잘하려고 할 때 그런 불만이 생기는 것인데 이는 강한 에너지를 가진 부정적인 감정이다. 바로 이것이 명상의 고요함과 집중을 깨고 이완반응을 끌어내는 것을 방해한다(심장은 이런 감정에 즉시 반응한다. 마음에 즉시 반응하기에 '심장(心臟)'이라고 했는지도 모르겠다).

바로 이렇게 20분이든 30분이든 한 번의 명상을 '완벽하게' 수련하려고 할수록 방해받는 것이다. 명상을 잘하려면 잘하려는 그 마음까지도 버려야 한다. 그저 주어지는 만큼 받아들일 수밖에 없다. 이런 수동적인 태도와 마음을 가지는 것이 역설적으로 이완반응을 빠르고, 강하고, 깊게 끌어내는 데 더 도움이 된다.

8 ◗

매일 수련한다,
건너뛴 만큼
퇴보하기 때문이다

앞에서 명상 수련을 잘하기 위한 몇 가지 사항을 얘기했지만 제일 중요한 것은 일단 이완반응을 끌어내는 요령을 터득했으면 매일 계속 반복해서 수련을 진행하는 것이다. 어떤 이유에서 명상을 수련하기로 결심하고 시작했는지와 상관없이 명상의 효과를 보고 이익을 누리기 위해서는 수련을 매일매일 계속하여야 한다. 반복적인 명상 수련을 대체할 수 있는 것은 아무것도 없다.

특히 중년 이상의 나이를 먹은 사람들은 이 부분을 주의해야 한다. 나이를 먹으면 아무래도 몸 여기저기 기능이 떨어지는데 부교감신경도 예외는 아니다. 따라서 명상 수련으로 매일매일 계속 부교감신경에 자극을 주어야 기능을 유지할 수 있는 것이다. 나이가 젊더라도 강도 높은 스트레스를 장시간 감당해야 하는 직업을 가진 사람들도 이 부분을 명심해야 한다.

명상 수련을 하루하루 계속 반복하면 부교감신경 활성도가 점점 높아지는데 이를 하루 이틀 건너뛰게 되면 그만큼 부교감신경 활성도가 떨어진다. 마치 배를 타고 강물을 거슬러 노를 저어서 올라갈 때 노 젓기를 잠시 중단하면 그만큼 배가 강물에 뒤로 밀려 나가는 것과 같은 것이다.

하루 이틀 수련을 건너뛰고 명상을 하면 이완반응이 일어나는 속도도 느려지고 호흡도 거칠다고 느껴지는데 그래서 그런 것이다. 등산은 올라가다 쉬면 제자리이지만 명상은 뒤로 밀리는 강물 위의 배와 같은 것이다. 그래서 어쩔 수 없는 경우가 아니면 명상 수련을 건너뛰지 말아야 한다. 그래야 순조롭게 수련을 진전시킬 수 있다.

'몸만들기'라는 말이 있다. 대개는 외형적으로 날씬하고 건강해 보이는 근육질의 몸을 만들 때 쓰는 말이다. 스트레스가 극심한 요즘에는 외형적으로 보기 좋은 몸을 만드는 것에 못지않게 내적으로 몸을 잘 만들어가는 것이 중요하다.

명상을 매일 계속하기에 미진한 점은 근육 만들기처럼 외형적으로 성과를 계속 확인하기 어렵기에 내적인 동기부여가 떨어질 수 있다는 점이다. 그럴 때는 며칠 잠시 중단해서 자신의 몸과 마음이 어떤 느낌인지 확인해 볼 필요가 있을 수는 있다.

그러면 누가 시키지 않아도 다시 명상을 수련하게 된다.

규칙적인 일정에 따른 명상 수련 대신 그저 생각날 때마다 대충 명상을 하다가 보니 어느 날 머리가 맑아지고 몸이 날아갈 듯 개운해지는 일은 절대로 일어나지 않는다. 명상을 체험해 보고 몸에 대해서 과학적으로 공부해 보면 결코 상상 속에서도 이런 일은 일어날 수 없다는 것이다.

명상을 통한 발전은 시간의 누적(명상 수련 시간의 누적)에 비례한다. 명상 수련에 투자하는 시간만큼 얻어간다는 것이다. 그것도 매일 매일 규칙적으로 그리고 반복적으로 수련한 경우에 그렇다. 그렇지 않은 경우에는 투자한 만큼도 건지지 못한다.

9 ◗

소리의 힘을
활용한다

소리에는 힘이 있다고 할 때 흔히 우리가 연상할 수 있는 것은, 군인들이 단체로 군가를 부르는 것이나 축구장에서 관중들이 떼창으로 응원가를 부르는 것처럼, 서로 힘을 주고 용기를 북돋는 것을 생각해 볼 수 있다. 소리는 분명히 그렇게 대중을 선동하는 힘을 가진 것이 사실이다.

방향을 정반대로 돌려서 보면, 소리에는 사람이나 동물을 진정시키고 안정시켜 편안하게 할 수 있는 힘이 있는 것도 볼 수 있다.

어린아이가 울 때 엄마는 아이를 안고 쓰다듬으며 낮고 다정한 목소리로 진정시킨다. 아이는 엄마가 무얼 말하는지 내용을 알지는 못하지만 엄마의 다정한 목소리와 말투에 마음을 놓고 울음을 그친다. 그리고 잠이 든다. 우리 모두 기억은 못 하지만 누구나 어릴 때 겪었을 일이며 우리도 아이나 강아지들을 이런 식으로 본능적으로 달랠 것이다.

이렇게 '사람을 진정시키는 힘을 가진 소리'를 이완반응을 끌어내는 데 쓸 수 있다.

이완반응훈련 명상은 초월명상을 기반으로 한다고 앞에서 소개했는데 두 방법 모두 만트라(짧은 단어나 구절)라는 소리를 사용한다. 초월명상은 스승이 제자에게 맞춤형 만트라를 전수해 주고, 이완반응훈련은 스스로 선택하도록 하는 것이 다를 뿐이다.

나는 이런 방식이 적용하기 힘들어서 소리를 듣는 것으로만 쓴다. 나는 음악을 듣는 것으로 소리의 힘을 사용하는 것이다. 누구나 자신의 성향에 맞게, 자신의 이완반응을 끌어내는 데 도움이 되는 음악이나 소리를 활용해서 명상을 수련하면 좋다.

다만, 명상을 할 때 사용하는 음악이나 소리는 '희로애락'의 감정을 일으키지 않는 감정 중립적인 것을 선택해야 한다. 음악뿐만 아니라 계곡물 소리, 빗소리, 바람 소리 등 자연의 소리를 사용하는 것도 좋다. 자신의 성향에 맞는 소리를 사용하도록 한다.

물론 그렇다고 소리에 의존해서는 안 된다. 그런 소리 없이도 이완반응을 끌어낼 수 있도록 해야 한다.

10 ◗

'깊은 이완 상태'를
자주 경험하도록 한다

우리는 대부분의 시간 동안 좋거나, 싫거나, 무덤덤한 감정 상태로 살아간다. 그런데 만약 우리가 살면서 아무런 감정이 느껴지지 않는 시간이 있다면 어떤 느낌일까?

회사에서 정말 싫은 사람들과 같은 공간에 있으면서도 분노나 짜증을 느끼지 않고 스트레스를 받지 않을 수 있다면, 그런 감정을 느껴도 그 강도를 약하게 할 수 있다면 한결 회사생활이 편해질 수 있을 것이다. 그런데 이게 현실적으로 가능한 이야기인가?

어느 정도는 가능하다. 100점 만점은 아니더라도 일정 부분 혐오감이나 분노의 감정 없이, 또는 그런 감정을 약하게 하여 다소 덤덤한 그런 감정으로 상황을 헤쳐나갈 수 있다.

깊은 이완 상태를 자주 경험한다면 바로 이렇게 '감정 중립적인 상태'로 자신을 많이 변화시켜 나갈 수 있다. 100점 만점이 아니라 60~70점만 넘어도 그만큼 스트레스를 덜 받고 살아갈 수 있다는 점에서 이렇게 깊은 이완을 자주 경험하는 것은 매우 중요하다.

그렇다면 깊은 이완 상태라는 것은 무엇을 말하는 것인가?

명상 수련을 시작해서 부교감신경계가 활성화되어 소화 기관들이 움직이고, 시간이 지나 그마저도 진정되어 편안한 상태에서, 호흡은 느려지고 안정되게 된다. 바로 이 정도면 깊은 이완 상태라고 말할 수 있을 텐데 테스트를 통해서 그것이 정말로 깊은 이완 상태인지 확인할 수 있다.

바로 자신이 싫어하고 혐오하는 사람이나 그 무엇을 생각해 보았을 때 아무런 분노나 스트레스 감정이 일어나지 않는 상태가 바로 깊은 이완 상태라고 할 수 있다. 이때 더 나아가 자신이 좋아하고 희망하는 음식이나 어떤 상태를 생각해도 좋다는 감정이나 원하는 욕구가 일어나지 않는다.

깊은 이완 상태는 좋거나 싫은 감정의 종류와 상관없이, 어떤 느낌도 어떤 감정, 어떤 욕구도 잘 일어나지 않는다. 그리고 명상 수련을 끝내면 이런 깊은 이완 상태도 끝나게 되고 다시 좋거나 싫은 감정의 세계, 원하거나 피하는 욕구의 현실로 돌아오는 것이다.

나는 반복적인 명상 수련 체험을 통해서 이러한 깊은 이완 상태가 있다는 것을 경험으로 알고 있었는데 다행히도 허버트 벤슨 박사의 연구에도 이런 과학적 근거가 있다는 것을 확인하게 되었다. 《붓다 브레인》(불광출판사, 2010년)이라는 책의 저자 릭 핸슨 박사는 이 책에서 2000년에 발표된 허버트 벤슨 박사의 연구 결과를 인용해 "깊은 이완 상태에서는 스트레스를 받지 않고 화가 나지 않는다"고 확인할 수 있었다.

하루하루 반복적인 명상 수련을 장기간 수개월에서 수년 이상 반복하게 되면 이런 깊은 이완 상태를 그만큼 장기간 경험하는 것이 되는데 그런 과정을 거쳐서 감정에 흔들리는 정도, 느낌에 흔들리는 정도가 점점 약해지게 된다. 오뚝이에 비유하자면 무게중심은 더 밑으로 내려가고 무게중심의 무게와 부피가 늘어서 강한 바람이 불어도 덜 흔들리게 되는 그런 상태가 되는 것이다. 그리고 흔들려도 그전보다 빠르게 중심을 되찾는다.

명상 중에는 좋거나 싫은 감정이 매우 귀찮고 성가신 존재라는 것을 알게 된다. 어쨌든 감정은 에너지를 필요로 하는 것이고 에너지의 발현일 뿐이다. 이 에너지가 심장박동을 더 빠르게 바꾸는 것을 느낄 수 있다. 이것은 명상의 고요함을 깨고 편안한 상태를 해친다. 무덤덤하거나 감정이 없는 상태 특유의 편안함을 터득하고 그 상태에 머무는 것이 가장 좋다. 깊은 이완 상태를 자주 경험하면 이것이 가능해진다.

11 ◗

다양한 자세에서
이완반응을
끌어낼 수 있도록 한다

나는 기본적으로 누워서 이완반응을 끌어내는 명상 자세를 쓰지만 때에 따라서 앉아서 하기도 한다. 여름에는 등을 바닥에 대면 아무래도 덥고 땀이 나기 때문에 자세를 바꾸어 앉아서 하고 겨울에 난방 때문에 바닥이 뜨겁다고 느껴질 때도 앉는 자세로 바꾼다.

나는 앉아서 명상할 때 '결가부좌' 또는 '반가부좌' 자세가 불편해서 버마(미얀마)식 자세로 앉아서 한다. 구글(google)에서 '버마식 자세 (burmese position)'를 검색하면 이미지(사진, 그림)로 그 명상 자세를 볼 수 있다. 두 다리를 겹치지 않고 평행하게 나란히 놓는 것이 특징이다.

소파나 기차에서는 등을 완전히 기대고 편안하게 앉은 자세로 명상을 시도하여 이완반응을 끌어낸다. 시험 삼아 제자리에 서 있는 자세로 명상을 시도해 보았는데 이완반응이 끌어내어지는 것이 그리 나쁘지 않았다. 한번은 아주 천천히, 매우 느리게 산책하며 걸은 적이 있었는데 나도 모르게 이완 상태가(깊지는 않았지만) 유도되어 놀란 적이 있었다.

초기 수련과정을 거쳐 이완반응 끌어내는 데 어느 정도 능숙해졌다면 이렇게 다양한 상황과 자세에서 이완반응을 끌어낼 수 있도록 하는 것이 좋다. 다양한 상황에서 스트레스로부터 자신을 즉시 지켜낼 수 있도록 훈련하는 것이다. 이렇게 할 때 깊은 이완 상태의 느낌을 생생히 떠올리면 도움이 될 수 있다.

명상 수련의
성과 측정

스트레스를 이겨내기 위해 명상 수련을 계속하면서 누구나 회의감을 느낄 수 있다. 자신의 몸에 어떤 긍정적 변화가 일어나고 있는지 알수 없기 때문이다. 이것을 운동과 비교해 보자.

운동하는 사람은 자신의 체력이 좋아지고 근육이 늘어나는 것을 알수 있다. 지난번에 힘들다고 느껴졌던 무게의 역기가 이번에는 덜 힘들어지고, 턱걸이도 더 많이 하고, 지난번보다 더 멀리 더 빨리 달릴수 있으면 자신의 체력이 좋아진 것을 즉시 알고 만족할 것이다. 또한거울을 보거나 옷을 입을 때 뭔가 자신의 근육이 좀 더 불어났다는 것을 알고 좋아할 것이다.

반면에 명상에는 이러한 요소가 없다. 자신이 현재 하는 명상이 제대로 이루어지고 있는 것인지 잘 알 수가 없다. 명상은 내적으로 이루어지는 변화가 차근차근 쌓여가면서 장기간에 걸쳐 한 계단 두 계단 올라가는 것이기 때문에 그 성과를 알고 싶다면 특별하게 주의를 기울여야 하는데 쉽지 않은 일이다. 나 역시도 이런 문제 때문에 회의감을 느끼고는 했는데 나는 그 힌트를 '명상과 자율신경으로 이어지는 고리'에서 찾아냈다.

명상으로 이완반응을 끌어낸다는 것은 자율신경계의 부교감신경을 활성화한다는 것이다. 즉 부교감신경이 활성화되고 주도적으로 되었을 때 나타날 수 있는 몸의 현상을 명상 수련이 제대로 이뤄지고 있다는 성과 지표로 삼으면 된다는 것이다.

그러면 장기적으로 명상을 수련하면서 명상의 효과가 서서히 나타나고 있다는 것을 어떻게 알 수 있을까? 다음과 같은 현상들이 나타난다면 명상의 성과가 나오고 있는 것이다.

- 잠을 더 잘 자게 된다. 쉽게 잠들고 푹 자게 된다.
- 소화에 어려움을 느끼지 않고 화장실에서 쾌변을 본다. 이때 대변의 모양과 색깔이 크거나 작은 바나나처럼 좋게 변한다.
- 청각, 후각, 촉각, 미각 등 감각들이 보다 예민해진다.
- 두통 등 통증이 사라지거나 약해진다.
- 평소 부정적인 감정이 줄어들고 기분이 많이 개선된다.

대표적인 것은 이 정도다. 이 정도는 누구나 자신의 변화에 관심을 가지면 수련 시작 후 6개월 정도 즈음해서 관측이 가능한 현상들이다. 이 중에 어느 하나의 현상만 확연하게 나타나고 나머지는 잘 모르겠다고 해서 의심하거나 실망할 필요는 없다. 아마도 스스로 잘 느끼지 못하기 때문일 확률이 높다.

변화는 전체적으로 함께 간다. 가령 스트레스 때문에 잠을 잘 못 자던 사람이 명상 수련으로 전보다 더 잘 자게 되었다면 그것은 다른 변화들도 함께 일어나고 있다는 것이다. 몸속에서 일어나는 변화들이라 단지 자신이 잘 느끼지 못할 뿐이다.

위에서 수면과 소화, 배변의 변화는 명상 수련의 성과를 직접 확인할 수 있는 것들이며 관심을 기울이면 매일 그 상태를 스스로 확인할 수 있는 것들이다. 특히 배변은 그날그날 자신의 자율신경 기울기의 상태를 정확히 표현해 준다.

여섯째 마당

명상에 대하여

명상 1.0

• • •

이번 장에서는 내가 생각하는 명상의 여러 가지 측면에 대해서 자유롭게 얘기해 볼 것이다. 명상의 효과와 이익, 하는 방법, 이론 등이 다소 무질서하게 섞여 있을 수 있지만 초창기 수련에 도움을 주기 위해 여러 가지를 짚어볼 것이다.

이제 막 명상을 처음 시작하는 사람이라면 단순히 참고할 수 있을 것이고, 어느 정도 수개월 이상 수련을 지속한 사람이라면 자신의 수련 정도와 방법을 확인하는 참고자료로 볼 수도 있을 것이다. 그와 동시에 자연스럽게 자신의 수련을 보완하고 더 나아갈 힌트를 찾을 수도 있을 것이다.

일부 명상의 효과에 대한 과학적인 검증의 성과를 소개하였는데 특히 참고하기 바란다. 명상의 효과에 대한 과학적 이해는 명상 수련을 평생 계속해 나갈 수 있는 중요한 동기가 될 수 있다. 그리고 그 자체에 대한 신뢰가 명상 수련의 효과를 더 높여준다.

1 ◗

명상은
스트레스를 막아내는
방패이다

장기간의 만성적이고 강도 높은 스트레스가 무서운 것은 여러 가지 질병을 일으키는 원인이기 때문일 것이다. 또한 질병으로 확연히 나타나지 않는다고 하더라도 수면이나 소화, 뇌 기능 등을 떨어뜨려서 삶의 질을 나쁘게 할 수도 있다.

따라서 이렇게 질병이나 기능 저하를 막아내고 개선하기 위해서는 스트레스를 막아내고 해소하는 것이 중요하다고 생각해 볼 수 있다. 명상은 이것을 해낼 수 있는 아주 간편하고 강력한 수단이다.

명상이라는 강력한 방패는 수련 시간과 횟수에 비례하여, 궁극적으로는 '수련 누적 시간'이 쌓일수록 점점 강력해진다. 마치 매일 매일 진흙을 한 겹씩 발라서 벽을 만드는 것에 비유할 수 있다. 그 벽은 처음에는 손가락에도 뚫리는 약한 것이지만 세월이 더해지면 그 진흙이 점점 두꺼워지고 단단해져서 나중에는 창이나 칼, 총알에도 쉽게 뚫리지 않을 것이다.

허버트 벤슨 박사는 이런 효과를 설명하며 "명상으로 이완반응을 규칙적으로 이끌어내면 만성적 스트레스 반응을 무력화하고 중화(상쇄)할 수 있다"고 분명하게 밝히고 있다.[7]

벤슨 박사가 지적한 만성적 스트레스 반응과 질병들과의 상관관계를 밝힌 책들을 보면 스트레스가 얽히지 않은 신체 부위나 질병들이 별로 없어 보인다. 아래의 책들을 참고해 보자.

*스트레스, 과학으로 풀다(프리키온 외 지음, 한솔아카데미, 2017년)
*스트레스(로버트 새폴스키 지음, 사이언스북스, 2008년)

이 책들의 목차만 봐도 만성적 스트레스는 머리부터 발끝까지, 피부에서 마음속까지, 신체 전반에 걸쳐서 나쁜 영향력을 행사한다는 것을 알 수 있다. 난해한 전문 용어와 설명들이 다수 등장하지만 이 2권의 책이 공통으로 제시하는 메시지는 단순하다. "이 모든 병들의 원인은 만성적 스트레스이다."

그렇다면 이 모든 병들을 가급적 피해가면서 살아가야 하는 우리 입장에서 실천할 수 있는 단순하고도 강력한 대응방법이 자연스럽게

---

7   출처-《이완반응》, 허버트 벤슨 지음, 페이퍼로드, 2020년

나올 수 있다. 바로 만성적 스트레스를 막아내고 해소하는 것이다. 매일 규칙적으로 명상을 통해 이완반응을 끌어내는 것으로 충분히 해낼 수 있다.

위의 책 중 하버드대학교 의대 교수들이 쓴 《스트레스, 과학으로 풀다》(한솔아카데미 출판사, 2017년)에는 명상을 수련하여 병에 걸릴 확률을 낮출 수 있는, 간단하지만 강력한 방정식을 하나 제시하는데 아래와 같다.

$$\text{*질병 성향} = \frac{\text{만성적 스트레스의 양}}{\text{회복력}}$$

'심신(心身) 통합의학 방정식'이라는 이름의 이 방정식을 들여다보면 분모(회복력)를 키우고 분자(만성적 스트레스의 양)를 줄이면 질병 성향 수치를 낮추어서 병에 걸릴 확률이 그만큼 줄어든다고 할 수 있다는 것이다.

'만성적 스트레스의 양'이라는 것은 일상에서 스트레스 상황을 얼마나 자주 겪는지, 얼마나 오래 겪는지 정도로 이해하면 되겠다. 즉, '스트레스 반응이 몸에 나타나 있는 시간의 총량' 정도로 볼 수 있다.

지금 살아가고 있는 모습 그대로 살아간다고 가정할 때 분모(회복력)는 그대로 유지하더라도 분자(만성적 스트레스의 양)를 줄일 수 있다면 그 수치는 낮아지게 된다. 즉 명상을 규칙적으로 수련해서 이완반응을 계속 끌어내고 평소에도 이완된 상태를 유지할 수 있다면 '질병 성향 수치'를 낮출 수 있는 것이다.

게다가 명상은 '회복력'의 주요 요소 중 하나인 '수면'을 개선하여 분모를 더 키워준다.

이 방정식을 이용해서 자신의 질병 성향 수치를 낮추는 데에는 단한 푼의 돈도 들어가지 않는다. 단지 규칙적이고 반복적으로 명상을 수련해서 이완반응을 계속 끌어내면 되는 것이다. 나이가 좀 있거나 과거에 심혈관 질환 등을 가볍게 겪어 본 사람들은 이 방정식의 가치를 한눈에 알아볼 수 있을 것이다. 반면에 아직 젊고 직접, 간접적으로 큰 병을 겪어보지 못한 사람들은 아직 이런 방정식의 필요성을 느끼지 못할 수도 있다.

그렇지만 그 누구에게나 이 방정식을 잘 이용하는 것, 그러기 위해서 매일 명상을 수련하는 것은 매우 단순하지만 단순한 그만큼 강력한 것이다. 아주 강력한 방패를 매일매일 두껍고 단단하게 만들어가는 것이다.

2 ◗

명상은
내 몸속의 방어력을
끌어내는 것이다

.

　명상을 시작하고서 몇 년간 계속해 온 지금 세월이 흘러서 가장 좋은 것은 별로 아픈 곳이 없다는 것이다. 명상을 시작한 2015년 7월, 여름이었는데 무좀과 피부 깊숙한 곳 곰팡이가 모두 사라졌고 찬물 샤워도 할 수 있게 되었었다. 조금 더 6개월 정도 지나서는 배변 상태도 아주 좋아졌고 계절이 바뀔 때 감기에 걸렸던 기억도 별로 없다. 이렇게 명상으로 내가 이익을 본 것만 따져도 피부, 장, 면역력이 좋아졌다고 실감하고 기분이 개선된 것도 물론이다.

　명상으로 정말로 큰 이익을 보는 것은 '마음'의 영역이다. 내가 다소 둔감해진 게 아닌가 하고 느낄 정도로 주변이나 나 자신에게 일어나는 일들에 대해서 느긋해져서 감정적으로 동요하더라도 그 진폭이 매우 줄어들었다는 것이다. 다소 심심할 정도이다. 이런 마음 상태가 스트레스 상황을 겪더라도 그 정도를 약하게 하고 더 빠르게 극복하도록 해준다. 그러면 스트레스가 직접적으로 몸에 타격을 주는 정도가 현저히 약화된다.

(일본의 의사 출신 베스트셀러 소설 작가인 와타나베 준이치도 이런 마음 상태를 강조한다. 그도 부교감신경의 우위의 중요성을 강조한다. 그의 책 《둔감력》(형설라이프, 2007년)을 참고하기 바란다. 아주 재미있게 자율신경과 스트레스, 건강의 관계에 대해서 쉽게 설명한다.)

몸 여기저기가 돌아가면서 아프거나 신경이 곤두서는 시간들이 내 인생에서는 이제 거의 끝난 거라고 느껴지는데 내가 한 거라고는 명상을 거의 매일 규칙적이고 반복적으로 수련해서 계속 이완반응을 끌어내었던 것밖에 없다. 그렇다면 명상은 어떻게 이런 것을 가능하게 할까?

아마도 종합적인 작용일 것이다. 과학적으로 검증된 것만 따져도 혈액순환과 면역력이 좋아지고, 활성산소와 만성염증이 감소하며, 두뇌의 오류가 개선되어 기분 상태가 좋아지는 등 이런 것들이 유기적으로 통합되고 선순환을 일으켜서 좀 더 상태가 좋은 몸과 마음으로 변한다고 보면 될 것 같다.

좀 더 직접적으로 따져보자면 방어력은 몸에서 백혈구의 작용으로 일어나는 '면역력'이라고 할 수 있는데 중요한 문제이니 좀 더 들여다볼 필요가 있다.

면역력에 관해 한국에서도 많은 책을 출판한 일본의 면역학자 아보 도오루 박사는 '교감신경 긴장 상태가 불러오는 네 가지 악(惡)'을 통해 만성적인 스트레스가 면역력을 약화시키는 것을 아래와 같이 두 가지로 정리하였다. 만성적인 스트레스는 '교감신경 긴장 상태'가 계속되는 상태라고 할 수 있다.

*과립구의 증가, 활성산소의 대량 발생으로 조직 파괴가 일어난다.
*림프구가 감소한다.[8]

위의 책을 통해서 인체의 면역을 담당하는 백혈구에 대한 박사의 설명을 보자면,

"백혈구는 크게 두 종류가 절대다수를 차지하는데 (과립구-림프구)가 있다. **과립구**는 교감신경의 지배를 받고, **림프구**는 부교감신경의 지배를 받는다.

장기적인 스트레스로 인해 교감신경이 계속 우세한 경우 과립구의 숫자가 폭증하고 활성이 지나치게 증가하여 활성산소의 전체 양이 몸에서 처리하기 힘든 수준으로 증가한다. 또한, 이런 경우에 부교감신경의 지배를 받는 림프구의 수가 줄고 기능이 떨어진다"고 한다.

인체 면역력에 중대한 손실이 발생한다는 의미인데 과립구는 지나쳐서 문제를 만들고 림프구는 모자라서 문제가 된다는 것이다. 만성적인

---

8 출처-《암을 이기는 면역요법》, 아보 도오루 지음, 중앙생활사, 2011년

스트레스가 이런 문제를 만든다는 설명이다.

위의 책에서 박사의 설명을 추가하자면, 부교감신경이 저조한 경우 림프구의 숫자와 활성이 떨어져서 암세포를 처리하는 킬러T세포와 NK세포의 기능에 문제가 생긴다고 한다(유튜브나 인터넷을 검색하면 킬러T 세포와 NK세포가 암세포를 공격하는 동영상을 찾아볼 수 있으니 참고하기 바란다).

규칙적인 명상으로 '교감신경의 긴장 상태'(스트레스 반응이 나타나 있는 상태)를 해소하고 부교감신경이 다소 우세한 상태, 또는 자율신경이 균형을 이루고 있는 상태를 유지하면 아보 도오루 박사가 위에서 지적한 몸의 면역력에 치명적인 손실이 일어나는 현상들을 피해갈 수 있을 것이다.

3 ◗

명상은
꿀잠을 불러준다

우리나라 속담에 "잠이 보약이다"라는 말이 있는데 여러 연구 결과 이 말은 과학적 진리로 검증되었다. 잠을 잘 자는 것은 심혈관의 건강부터 두뇌의 건강, 나아가 우울증 예방에 이르기까지 신체 전반에 걸쳐 도움이 된다는 것이 모두 과학적으로 검증된 것이다. 무엇보다도 우리가 잠을 잘 못 자면 다음 날 너무 힘들다는 것을 다들 경험으로 잘 알 것이다.

누구나 심한 스트레스에 시달렸던 사람이라면 스트레스 때문에 잠을 잘 못 자고, 그게 또 스트레스가 되었던 경험이 있을 것이다. 악순환의 고리가 자리 잡는 것이다. 이렇게 만성적 스트레스는 우리가 잠을 잘 못 자게 하고 스트레스를 더 키우는데, 명상으로 그 나쁜 영향을 무력화하고 중화, 상쇄할 수 있다고 허버트 벤슨 박사가 명시했으니 명상을 하면 잠을 더 잘 잘 수 있을까?

우리나라에서 《하버드 불면증 수업》(예문출판사, 2019년)이라는 책을 출판한 그렉 제이콥스 박사는 이완반응훈련의 아버지인 허버트 벤슨 박사의 제자이자 연구 동료이다. 하버드 의대, 매사추세츠 의대에서 연구와 임상 치료를 30년 이상 실시한 수면 전문 의사로서 이완반응을 이용해 불면증을 치료한다.

박사는 위의 책에서 "스트레스 반응은 오던 잠도 쫓아내는 것이며 이완반응은 잠을 불러들이는 내 몸속 수면제이다"라고 하였다. 따라서 박사는 반복적인 이완반응훈련을 통해서 불면증을 해소하고 잠을 더 잘 잘 수 있다고 말하고 있다.

박사는 특히, 낮에 일과 시간 중간중간 짧은 시간이라도 이완반응을 끌어내면 밤에 부교감신경 활성도가 순조롭게 높아져서 잠을 잘 자게 된다고 설명한다.

'이완(relaxation)'을 이용해서 잠을 잘 자게 하는 방법이 또 있을까? 미국 해군에서 전투기 조종사들의 불면증 치료를 위해 도입한 '해파리 수면법'도 명상과 같은 이완의 원리로 작동되는 것이니 참고해 볼 필요가 있다. 제2차 세계대전 당시 미국 해군이 운동심리학자 버드 윈터(Bud Winter)를 초빙해서 개발한 이 수면법은 '정신적, 신체적 이완'을 중심으로 한 훈련으로 조종사들의 수면장애를 대부분 해결했다고 한다.

앞의 두 사례에서 보았듯이 이완은 스트레스를 물리치고 잠을 잘 잘 수 있도록 해주는 수면의 도우미이다. 이런 이완반응을 규칙적, 반복적 명상 수련으로 얼마든지 끌어낼 수 있다.

이뿐만 아니라 장기간 명상을 수련하면 일상의 거의 모든 시간에서 이완된 상태로 살아갈 수 있도록 몸과 마음의 상태가 아예 변화한다. 이완 상태가 기본 모드가 되는 것이다. 이렇게 되면 잠을 청할 때 쉽게 잠들고 중간에 깨는 일 없이 푹 잘 수 있을 것이다.

4 ◗

위기 대응 능력의
향상

앞에서는 주로 명상이 몸속의 위협적인 요인들을 막아내고 제어하
는 과정을 살펴보았는데 이번에는 외부의 위협요인을 막아내는 데 어
떻게 도움이 되는지 살펴보고자 한다.

명상을 처음 수련을 시작해서 3~4개월 정도 되었을 때 출근길 지
하철에서 아주 흥미로운 경험을 한 적이 있었다. 지금도 그때의 상황
과 감각이 생생하게 기억나는데 나름의 과학적인 근거도 있기에 참고
가 될 수 있을 거 같아서 소개해 본다.

"어느 날 출근길 지하철에서 앉을 자리는 당연히 없었고 잡고 있을 손잡이도
없어서 그냥 서서 가던 중이었다. 멈추었던 지하철이 출발하는 순간 관성 때문
에 몸이 뒤로 밀리면서 중심을 잃고 왼발을 뒤로 디디는 순간, 내 발밑에 다른

사람의 발이 느껴지기에 왼발을 순간적으로 빼서 다른 곳에 놓았다. 그리고 스치듯이 발등을 밟은 뒷사람에게 미안하다고 사과했는데 그 사람은 무슨 일이 일어났는지 모르는 눈치였다."

이런 일이 보는 사람에 따라서 대수롭지 않은 일이라고 생각할 수도 있는 일이지만 이렇게 가벼운 일이 큰 사고로 연결되는 경우가 의외로 많다.

'만약 내가 등산 가서 밟은 것이 살모사 같은 뱀이었다면? 생각하기도 싫은 일이지만 만약 군인이 산길에서 무심코 밟은 것이 지뢰였다면? 등등 이런 경우들이 발생할 수도 있는 것이다. 순간적인 찰나의 미세한 감각을 인지하고 이를 회피하는 능력이 큰 사건을 피하게 할 수 있는 것이다.

그렇다면 나 개인의 경험이 아니라 과학적 실험으로 이런 것을 검증한 사례가 있을까? 《깨어 있는 마음의 과학》(도슨 처치 지음, 정신세계사, 2020년)이라는 책을 보면 명상이 이러한 능력을 키우는 데 연관이 있을 수 있다는 실험 결과가 하나 다음과 같이 소개되어 있다.

"명상의 효과를 전혀 믿지 않았던 호주의 천체물리학자 그레이엄 필립스는 약 8주간의 명상훈련을 받았는데, 훈련 전과 후의 능력(기억력, 반응시간, 집중력 등)을 평가받았다. 그중에서 반응시간은 거의 0.5초 정도 빨라진 것으로 나타났다."

돌발적인 상황에서 0.5초 대응이 빨라졌다는 것은 상당한 의미가 있다. 가령 예를 들어서 시속 40킬로미터 정도로 차를 운전해서 골목길을 가다가 갑자기 튀어나온 사람을 보고 0.5초 먼저 브레이크를 밟는다면 약 5.5미터 정도의 거리를 더 벌 수 있다. 그만큼 충돌사고의 위험을 더 벗어날 수 있다는 것이다.

반응시간이 빨라졌다는 것은 '상황을 감지하고 대응(운동)하는 능력'이 좋아졌다는 것인데 그만큼 두뇌와 신체의 능력이 향상된 것으로 보아도 무방하다. 일정한 기간 수행한 정기적인 명상훈련이 이런 능력을 키워준 것이라고 볼 수 있다.

5

명상은
부교감신경을
강화시키는 훈련

만성적 스트레스가 불러오는 스트레스 반응을 깨버리고 몸을 이완된 상태로 돌려놓으려면 부교감신경이 활성화되어야 하는데 이것은 의도적인 훈련으로만 가능하다. 평소에 부교감신경 활성도를 높여 놓으면 스트레스 반응이 일어나도 그 정도가 약해져서 스트레스의 파괴적 영향력을 낮출 수 있다.

인간의 자율신경계(교감신경–부교감신경)는 활성화되는데 근본적인 차이가 있다. 교감신경은 스트레스 요인을 감지하는 즉시 자동적으로 활성화된다고 한다. 반면에 부교감신경은 조용하게 휴식할 수 있는 환경이 주어지더라도 자동으로 활성화되지는 않는다고 한다. 의도적으로 긴장을 풀어주는 조치를 취해야 활성화된다는 것이다.

이것이 명상을 규칙적이고 반복적으로 수련해야 하는 이유이다. 그래야 부교감신경의 활성을 높여서 평소에 스트레스를 예방하고 잘 극복할 수 있기 때문이다.

　명상을 통해서 이완반응을 끌어내는 과정은 그 자체가 부교감신경을 활성화하는 행위이고, 이를 장기적으로 반복하면 부교감신경이 확고하게 우세한 상태로 변하게 된다(앞에서 얘기한 명상의 성과 측정을 참고하면 그 변화를 알 수 있다).

　이 정도에 다다르는 것은 그렇게 어려운 일은 아니다. 단지 명상을 반복해서 수련하는 시간만이 필요할 뿐이고, 꾸준히 하는 인내와 노력이 필요할 뿐이다. 2~3개월 정도면 급한 불은 끌 수 있을 것이고 그 이상으로 자신의 성격과 행동의 변화를 보는 데는 수년간의 시간이 필요할 수도 있다. 물론 이는 사람마다 다르다.

　부교감신경이 확고하게 우세한 명상 수련자들의 경지가 어느 정도인지는 허버트 벤슨 박사의 책 《이완반응》(페이퍼로드 출판사, 2020년)에 소개된 초월명상 수련자들의 실험 결과를 보면 대충 알 수 있을 것 같다. 그들은 명상을 시작한 지 3분 이내에 '산소 소비량'을 최저치로 끌어내렸었다. 초월명상 기법에 호흡을 조절하는 것은 없으니 자연스럽고 의도된 긴장의 완화와 이완으로 그 정도의 이완반응을 끌어낸 것이다. 긴장도를 최저치로 낮춘 완전한 휴식 상태, 이완된 상태로 몸을 바꾼 것이다.

　이 정도 경지에 이른 사람들은 어지간한 일로는 감정이 동요되는 일은 없을 것이다. 짜증과 화를 내거나 부정적인 기억을 스스로 되새기는 행위를 하는 경우가 별로 없을 거라는 것이다.

시소는 한쪽이 올라가면 한쪽은 반드시 내려가게 되어있다. 그것이 자율신경의 구조와 같다고 한다. 부교감신경을 강화한 사람은 교감신경의 활성도가 낮아 '스트레스에 강하다'(스트레스 반응을 잘 일으키지 않거나 그 정도가 약하다)는 얘기다. 위의 초월명상 수행자들의 경우에는 스트레스를 아예 느끼지 못할 수도 있다. 우리들도 장기적인 수련으로 어느 정도까지는 가능할 수 있는 얘기이다.

6

명상으로 뇌(brain)를 업그레이드(upgrade) 할 수 있다

요즘은 누구나 컴퓨터와 핸드폰을 사용한다. 한번 사서 몇 년간 쓰다가 보면 더 나은 고사양의 기계를 사거나 부품을 더 좋은 것으로 교체해서 기능을 높이는데 이를 흔히 업그레이드(upgrade)한다고 말한다.

기계의 경우에는 돈을 들여서 이렇게 업그레이드하면 되는데 우리의 두뇌는 어떻게 업그레이드할 수 있을까? 만약 우리가 스스로 자신의 두뇌를 업그레이드할 수 있다면 더 높은 지적능력, 더 나은 운동능력을 가질 수 있을 것이다. 아니 그런데 애당초 두뇌를 업그레이드한다는 게 가능하기나 한 걸까?

다행히도 현대 뇌과학은 인간의 두뇌도 물리적인 구조를 정비하고 뇌의 크기가 더 커지는 업그레이드가 가능하며, 돈이 아니라 '시간과 행동이라는 비용'을 지불해서 그것이 가능하다고 증명하였다. 장기간의 운동, 독서 및 학습, 악기연주 및 춤추기 등으로 그것이 가능하며 여기에는 명상도 포함된다.

두뇌 가소성-우리는 매일 자신의 '뇌'를 만들고 있다.

'뇌를 만든다'는 말이 도무지 무슨 말인지 이해가 안 갈 수도 있지만 운동선수가 근육 등을 단련해서 경기에 적합한 몸을 만들듯이 뇌를 만들 수도 있다. 사실 이것은 우리가 매일 하는 행위이기도 하다. 업그레이드는 그것에 주어지는 결과이다.

업그레이드는 다르게 말하면 '변화'인데 두뇌가 물리적으로 고정되지 않고 계속 변화한다는 것이다. 전문 용어로 '두뇌 가소성'(또는 신경 가소성)이라고 하는 것인데, 쉽게 말해서 우리가 행동하고 살아가는 대로 뇌가 계속해서 그 물리적인 크기와 연결망 등 구조가 변해가고 있다는 말이다. 그리고 이 변화는 뇌에서 생산되는 뇌세포 재생물질인 BDNF가 있기에 가능하다.

미국의 신경 전문 의학자인 데이비드 펄머터 박사는 두뇌 가소성에 대해서 다음과 같이 설명한다.

"우리 평생에 가장 혁명적인 발견 중 하나는 뇌의 가소성이다. 이는 사람이 사는 동안 뇌가 계속해서 새로운 신경 연결을 형성하면서 스스로를 재조직할 수 있다는 의미이다. 그래서 뇌는 외부의 영향에 대응하여 유연하게 변화할 수 있다. 당신이 지금 당장이라도 뇌의 회로를 변화시킬 수 있다는 것이다."[9]

명상으로 뇌를 더 좋게 만든다.

앞에서 인간의 두뇌를 스스로 업그레이드하는 것이 가능하며 명상도 그 방법 중 하나라는 것을 보았다. 그런데 수년간 명상 수련을 계속해 온 사람으로서 얘기하자면 이런 변화를 자신이 스스로 느끼기에는 몇 개월 이상의 수련 시간이 필요하고 특정한 계기가 있을 때 확인이 가능하다.

나의 경우에는 단기, 장기 기억력이 좋아졌다는 점은 확신할 수 있다. 한 번 가보고 괜찮았던 식당은 위치와 이름까지도 거의 정확하게 기억해 낸다. 한 번 보았는데 다시 필요해서 찾아보는 경우에 어느 책에 있는 것인지 잘 기억해 내는 편이다. (다른 사람의 경우를 보자면 수십 년간 명상을 수련해 오신 전 서울대 교수 박희선 박사님의 경우에는 '파이테이블'을 1,000자까지 통째로 암기하신다고 한다.)

몸놀림도 좋아진 걸 느끼는데 예전과는 다르게 세밀한 손놀림이 필요한 작업은 잘하지 못해서 엄두를 내지 못하는 편이었는데 할 수 있게 되었다.

내 경우에 명상 수련이 나의 뇌를 업그레이드시켰다고 가장 크게 느

---

9 출처-《클린 브레인》, 데이비드 펄머터 지음, 지식너머 출판사, 2020년

끼게 된 계기는 이 책을 쓰면서이다. 나의 전공이나 업무와는 전혀 무관한 분야지만 호기심 하나로 무장하여 수십 권의 책을 읽고 참고해서 이렇게 긴 글을 쓴다는 것 자체가 명상 수련을 하기 전에는 엄두도 내지 못했던 일이다. 이 작업을 내가 원한 그림대로 완수하는 그 자체가 나의 뇌가 업그레이드되었다는 증거이다. 적어도 나에게는 그렇다.

그렇다면 장기적인 명상 수련은 우리의 뇌를 어떻게 이로운 방향으로 변화(업그레이드)시키는 것인지 뇌과학자 톰 오브라이언 박사는 다음과 같이 말한다.

- 고차원적인 인식 기능과 관련된 뇌의 핵심 영역을 발달시킬 수 있다.
- 건강한 뇌세포 재생에 필수적인 물질(BDNF)가 증가한다.
- 뇌 활동을 증가시키고 주의력과 집중력을 발달시킨다.
- 감정조절 및 반응제어와 관련된 뇌 영역의 회백질량이 유의미하게 더 많아진다.[10]

위의 책에서 정리한 것만 보더라도 명상 수련이 우리의 뇌를 긍정적인 방향으로 변화시키고 발달시키는 것을 충분히 알 수 있다. 간단하게 말하자면 '명상을 장기간 수련하면 나이와 상관없이 뇌는 더 건강해지고 더 잘 기능한다'는 것이다.

---

10 출처-《당신은 뇌를 고칠 수 있다》, 톰 오브라이언 지음. 로크미디어, 2019년

운동, 공부, 기능훈련 등에 명상은 '가속기' 역할을 한다.

비행기가 이륙해서 목적지로 날아갈 때 순방향의 기류에 올라타면 더 빠르게 갈 수 있고 연료 소모도 적어진다. 인천공항을 이륙해서 미국으로 가는 경우 제트기류에 올라타면 그 기류가 비행기를 뒤에서 밀어주는 추진력을 얻을 수 있어서 비행시간이 줄어든다고 한다. 비행기 자체 엔진의 추진력에 더해 추가된 추진력을 얻는 셈이다.

장기간 공부나, 운동이나, 기능훈련을 하는 경우에 명상 수련을 결합하면 명상이 마치 이런 제트기류처럼 가속기 역할을 해줄 수 있다. 공부, 운동, 기능훈련 등도 뇌를 자극해서 뇌세포 재생물질인 BDNF를 생산하는데 명상도 BDNF를 생산한다. 이렇게 풍부한 재료가 두뇌 가소성(업그레이드)을 촉진하고 성과달성을 앞당길 수 있는 것이다. 명상이 뇌를 전체적으로 발달시켜 주는 힘을 추진력으로 삼고 운동, 공부, 훈련 등에 장기적으로 노력한다면 더 좋고, 더 빠른 성과를 얻을 수 있을 것이다.

7

마음의 온도가
스트레스를 결정한다

마음에 온도가 있다는 생각은 이상하게 들릴 수도 있지만 실제로 우리가 쓰는 말을 보면 우리 마음의 상태를 표현할 때 온도와 관련된 표현을 많이 쓰고 있다.

스트레스를 심하게 받아 화가 났을 때 우리는 흔히 "열(熱)받았다"라는 표현을 쓴다. 매우 뜨겁다는 표현을 마음의 상태를 나타내는 데 쓴 것이다. 극단적인 분노의 경우 "화가 나서 마음이 들끓는다" 같은 격한 표현도 사용한다.

반대로 지나칠 정도로 침착한 사람을 "냉정(冷情)하다. 냉철(冷徹)하다"고 얘기하는데 여기에도 차갑다는 한자가 등장한다. 이렇게 우리는 일상생활에서 마음을 온도와 연관 지어 표현하고 있는데 어찌 보면 매우 탁월한 표현이라는 생각이 든다.

프라이팬을 한번 생각해 보자. 어린아이들 말고는 프라이팬을 안 써본 사람은 아마 아무도 없을 것이다. 아주 뜨겁게 달궈진 프라이팬은 기름이나 물이 들어가면 요란한 소리와 거품을 내며 음식을 튀겨내고 심하면 태우거나 불꽃이 올라오기도 한다. 반대로 열을 가하지 않아서 차가운 프라이팬은 기름이나 물을 들이부어도 아무런 반응이 없을 것이다.

마치 우리의 마음이 뜨겁거나 차가운 프라이팬과 같다. 똑같은 일, 똑같은 상황에서도 어떤 사람은 불같이 화를 내거나 짜증을 내는 반면에 또 다른 사람은 아무 일도 아니라는 듯이 그 상황을 넘겨버리고 만다.

같은 사람이라도 상황에 따라서 반응이 다르다. 복잡하고 어려운 상황에 몰렸을 때에는 성질이 불같아지는 반면에 그 상황을 넘기고 나면 똑같은 일을 당해도 잠잠하다.

이렇듯이 어떤 사건, 어떤 사람, 어떤 일이 스트레스 요인이 되는데 100% 원인이 되는 것이 아니다. 일정 정도는 그것을 받아들이는 사람의 마음이, 그 사람이 가진 마음의 온도가 스트레스의 정도를 결정하고 있는 것이다.

그럼 무엇을 어떻게 해야 프라이팬을 식히듯이 마음을 식혀서 스트레스를 덜 받고 살 수 있을까?

마음의 온도를 결정하는 것은 자율신경이다. 늘 긴장하고, 쫓기고, 그렇게 바쁜 사람들은 교감신경계 활성도가 너무 높아서 마음의 온도가 높아진다. 따라서 사소한 일도 큰 스트레스로 받아들일 수 있다.

같은 방식으로 살아가더라도 매일매일 정기적으로 명상을 해서 이완반응을 계속해서 끌어내다 보면 부교감신경계 활성도를 높여서 마음의 온도를 낮출 수 있다. 그러면 어지간한 일들로 스트레스를 받는 일 자체가 줄어들 것이다.

8

감정을 관리하는 것이 핵심이다

스트레스를 관리하는 차원에서 명상을 하는 사람들이라면 마음의 범위를 '감정'으로 축소시킬 필요가 있다. 우리 몸에 직접적으로 영향을 주는 것이 우리의 '감정'이기 때문이다.

스트레스와 압박감은 우리에게 '초조함, 분노, 짜증 등'의 감정을 일으키는데 이것은 거기서 그치지 않고 우리 몸에 직접적으로 영향을 미친다. 호르몬 분비와 같은 화학적 변화를 일으키고, 심장박동이 빨라지고 혈압이 높아지는 물리적 변화도 일으킨다. 이런 현상이 반복적으로 일어나서 고착화되면 질병으로 발전할 수 있을 것이다.

따라서 감정을 관리하는 것이 몸을 관리하는 직접적인 열쇠가 될 수 있다. 감정을 평소에 잘 관리하려면 기본적으로 명상 수련을 매일 매일 열심히 수개월 이상 진행하는 것이 도움이 된다. 그리고 앞에서 다룬 명상 수련을 잘하는 방법 중에 평소 생활에서 부교감신경을 활성화하는 방법을 실천해 나가는 것도 도움이 될 수 있다.

명상으로 감정을 조절하고 관리하는 능력은 빠르고 쉽게 얻어질 수 있는 능력은 아니다. 그러나 그렇다고 해서 불가능하지도 않다. 수개월 이상 명상 수련을 반복하는 노력이 필요할 뿐이다. 그리고 투자하는 시간이 길어질수록 그 능력은 더 깊고 강해진다.

수십 년 이상 엄격한 규율 아래 명상을 수련해 온 전문 명상가들은 어떤 의미에서는 화를 내지 않는 사람들이 아니라 화를 낼 수 없도록 자기 자신을 길들인 사람들이다. 화를 내지 않는다고 해서 위기 상황에 대응하지 못하는 것은 아니다. 도리어 감정의 동요가 전혀 없이 냉철하게 더욱 잘 해낼 것이다. 마치 무표정하게 눈 똑바로 뜨고 싸우는 냉철한 권투선수를 상상해 보면 그런 모습이 그려질 것이다.

자신의 명상 수련이 잘 되어가고 있는지 알아보는 방식도 간단하다. '감정과 충동' 이 두 가지에서 점점 자유로워질 수 있다면 잘해가고 있는 것이다. 우리가 한낱 사람으로 이 세상을 살아가면서 100점 만점을 바랄 순 없지만 하루하루 끊임없이 그 점수를 0.0001점씩이라도 높여가는 것이 의미가 있을 것이다.

나는 어떤 감정이나 충동에 휘말리는 것을 경계한다. 어쩌다 돌발 상황에서 그런 감정과 충동에 휩쓸렸을 때는 반성한다. 특히 분노나 짜증과 같은 감정을 '표현'했을 경우에는 더욱 후회하고 반성한다. 그럴 때마다 아직도 갈 길이 멀고 수련이 더 필요하다는 생각이 든다.

9 ◗

감정을 조절하는 열쇠는 몸

'마음'이라는 것은 그 범위가 너무 넓고 막연해서 '마음을 다스린다' '마음을 조절한다'는 말은 마치 뜬구름을 잡는 것처럼 느껴진다. 손아귀에 힘을 넣어 움켜잡기가 불가능해 보인다는 것이다. 그러나 그 대상을 '감정'으로 좁히면 그것이 그렇게 어려운 일은 아니다.

사실 우리 모두 잘 모르고 있지만 본능적으로 그렇게 해왔었다. 몸을 이용해서 자신의 나쁜 기분과 부정적인 감정을 조절해 왔었다는 것이다.

누구나 축 처진 기분이 들 때면 산책을 하거나 수다를 떨면서 기분 전환을 했던 경험이 있을 것이다. 외롭고 허전한데 날씨 마저 쌀쌀해서 쓸쓸한 기분이 들 때에는 사우나나 찜질방에서 마음을 달랜 적도 있을 것이다. 이렇게 몸을 이용해서 자신의 기분과 감정을 조절하는 것은 누구나 해왔던 것이고 따라서 누구나 할 수 있는 것이다.

여기서 말하는 감정은 물론 스트레스에 관한 것이다. 스트레스로 인한 '분노, 짜증, 압박감, 불안감 등'은 몸에 스트레스 반응을 일으켜 과도하게 긴장 상태를 불러오기 때문에 그때 그 감정 상태를 해소하고 전환하는 것이 좋다.

심리학이나 종교적 전통의 책들을 보면 주로 '이심치심(以心治心)(마음으로 마음을 제어한다는 뜻)의 방법들을 제시하는데 이것은 사실 터득하기 매우 어렵고 시간이 많이 걸리는 일이다. 자신의 몸을 이용해서 감정을 조절하는 것이 더 쉽고, 빠르고, 효과적이다. 요령을 터득하기도 쉬우며 그 시간도 오래 걸리지 않는다.

장기적으로는 명상을 수련하는 것이 평소 지배적인 감정을 바꾸는 데 도움이 된다. 늘 긴장되고 압박받으며 누군가를 생각하고 비판하던 마음이 사라지고 '다소 심심하고 담담한 마음-감정의 상태'로 바뀌게 된다. 장기적인 몸의 행위, 명상으로 평소 지배적인 감정 상태를 바꾸는 것이다.

현장에서 즉시 써먹을 수 있는 것은 이완이다. 몸을 이완하고 자신의 주의를 자신의 근육 이완과 호흡으로 돌리면 짧은 시간 안에 분노와 짜증의 큰 불길을 잡을 수 있다. 숙달하기까지 시간이 필요하지만 자신의 근육 이완을 의도대로 할 수 있으면 누구나 할 수 있다.

자세를 비롯해 몸으로 스트레스에 반응하지 않는 것도 매우 효과적이다. 에이미 커디의 《프레즌스》(알에이치코리아 출판사, 2016년)라는 책을 읽어보면 자세가 감정에 미치는 힘을 잘 알 수 있다. 전반적으로 구부정하고 위축된 자세는 스트레스를 더욱 강하게 만든다는 것이다.

스트레스에 몸으로 반응하지 않는 것도 매우 중요하다. 앞에서 말한 책에 보톡스와 감정에 관련된 재미있는 실험 결과가 소개되어 있다. 보톡스를 시술한 사람들은 얼굴을 찡그릴 수 없어서 부정적인 감정에 반응하지 않는다고 하는데 이런 사람들은 우울감을 느끼는 정도가 다른 사람들에 비해 현저하게 낮았다고 한다.

더 나아가 스스로를 자연스레 웃게 만들어준다면 감정의 전환을 넘어서 몸에 형성된 스트레스 반응의 긴장을 해제하고 무력화할 수 있을 것이다. 핸드폰으로 인터넷이나 유튜브를 통해 자신을 웃게 만드는 콘텐츠를 즐기면 된다.

무언가에 몰입하는 것도 좋은 방법이다. 주변을 보면 많은 사람들이 스트레스를 해소하기 위해 몰입 활동을 하는 것을 볼 수 있다. 컬러링북을 사서 빈칸에 열심히 색칠 놀이를 하는 것이 그 좋은 경우이다.

허버트 벤슨 박사도 자신의 책에서 이완반응을 끌어내는 다양한 방법 중 '십자수'를 제시한 적도 있다. 손끝에 정신을 집중하고 반복적으로 손가락을 놀리는 십자수가 이완반응을 끌어내는 효과가 있다는 것

이다.[11]

한국에서도 매우 인기 있는 일본의 작가 사이토 다카시 교수는 젊은 시절 마음이 어지러우면 냇가에 나가 돌을 주워서 그 돌을 열심히 집중해서 닦았다고 한다. 그러면 마음이 차분히 가라앉고 쓸데없는 잡념이 사라졌다고 한다.[12]

명상을 수련한다고 해서 명상 하나에만 의지할 필요는 없다.

영화를 보면 특수부대가 전투를 할 때 소총, 권총, 폭탄, 칼 등 여러 가지 무기를 같이 사용하듯이 명상을 수련하는 사람도 명상 수련 시간 이외의 일상에서는 상황에 따라서 쓸 수 있는 여러 가지 방법을 무기로 가지고 스트레스를 상대하는 것이 좋다. 그게 더 실용적이다.

중요한 것은 몸이라는 열쇠로 감정을 조절하는 것이다. 몸의 이완을 열쇠로 쓰는 그 요령을 터득해야 하고 약간의 노력으로 누구나 할 수 있다.

---

11 출처─《나를 깨라! 그래야 산다》, 허버트 벤슨 지음, 학지사, 2006년
12 참고─《혼자 있는 시간의 힘》, 사이토 다카시 지음, 위즈덤하우스, 2015년

10 ◗

나쁜 감정들

살아가면서 '기분'이라는 것은 대단히 중요하다. 아무리 돈을 잘 벌고 사회적 지위도 높다고 해도 정작 본인의 기분 상태가 늘 '흐림, 또는 어두충충함'이라면 삶의 질이 확 떨어질 것이다. 본인도 불만족스럽겠지만 가족이나 주변 사람들도 그 부정적인 감정의 전염을 피하고자 슬슬 피할 것이다.

내가 명상의 이익으로 첫 번째로 꼽게 되는 것이 기분의 개선, 부정적인 감정이 줄어드는 것이다. 명상을 수년간 해왔다고 해서 늘 마음이 '평화, 행복, 기쁨' 이런 것으로 가득 차지는 않는 것 같지만 '우울감을 일으키는 불안감, 외로움' 등이 잘 느껴지지 않는 것만으로도 큰 이익이다.

현대의 첨단 뇌과학은 뇌의 상태에 따라 지배적인 감정과 기분이 결정될 수 있다는 것을 과학적으로 밝혀놓았다. 다소 어려운 이야기이지만 '뇌의 만성적 염증, 전전두엽피질 약화, 전전두엽피질과 변연계의 연결 약화 등'을 우울감과 불안감의 주요 원인으로 밝혀냈다. 그리고 이것들이 모두 만성적인 스트레스 때문에 생겨나는 것이라는 것을 꼽고 있다.

당연한 얘기지만 명상은 바로 그 만성적인 스트레스를 해소하여 뇌의 상태를 개선하게 되는데 그러면 지배적인 부정적 감정(우울, 불안, 외로움 등)이 상당 부분 약해지게 된다(사라진다는 얘기가 아니다. 이런 감정들은 사라질 수는 없다).

규칙적이고 반복적이며 장기적인 명상 수련은 뇌의 상태를 긍정적인 방향으로 변화시키므로 지배적인 감정이 부정적 감정에서 '중립적 감정, 담담한 마음'으로 바뀌게 된다. 담담한 마음 상태에서는 자질구레한 문제들에 대해 잘 반응하지 않게 되고, 반응하더라도 넘기며, 곱씹지 않게 된다. 감정의 중립적 상태는 마음이 다소 심심한 상태에 가깝다.

명상 수련을 하면서 자신의 '지배적인 감정과 기분'을 자각하는 것은 매우 중요하다. 자신이 일상생활에서 '분노, 짜증, 불안, 우울감, 외로움 등' 부정적인 감정을 자주 느낀다면, 그리고 그 감정이 지배적인 상태라면 명상 수련 누적 시간이 부족하거나, 방법을 잘못하고 있거나 아니면 뭔가 다른 문제가 있는 것일 수 있다.

뇌과학자들의 설명에 따라서 보자면 명상을 수련하는 사람들은 일상생활에서 부정적인 감정을 차츰차츰 지워내게 되는 것이 맞는다고 보면 된다. 여기에서 '차츰차츰 지워내게' 된다는 것에 주목해야 한다.

한 발 한 발 걷다 보면 능선에 오르게 되는 등산처럼 명상도 누적 시간의 임계점에 도달해야 자신의 기분 상태가 개선되었다는 것을 느끼게 될 것이다. 가급적 매일매일 건너뛰지 않고 수련하면 그 임계점이 생각보다 빠르게 다가올 수 있을 것이다. 수개월 정도면 마음이 다소 심심해지기 시작한다.

참고삼아 얘기하자면 '간헐적 단식'과 '운동'은 뇌의 만성적 염증을 제거하는 데 도움이 되어 이러한 중립적 감정 상태를 더욱 빠르게 달성할 수 있도록 하는 데 도움이 된다. 또한 감정의 상태를 흥분시키는 '영화, 드라마, 게임 등'을 한동안 자제하는 것도 중요하다.

명상은 어떤 의미에서는 감정의 발생을 최소화하는 훈련이다.
특히나 스트레스로 인해 생겨나는 감정들은 명상 수련을 장기적으로 반복하면서 매우 약해지게 된다. 물론 사회생활하면서 똑같이 짜증도 나고 화도 나지만 그 정도가 예전과는 비교할 수 없을 정도로 약해진다. 그리고 그마저도 금방 잊어버리고 곱새기지 않게 된다.

명상 중에 경험하는 '깊은 이완' 상태에서는 감정이 잘 일어나지 않는데 그럴 때 느껴지는 것은 감정은 에너지의 표현이라는 것이다. 나쁘게 말하자면 에너지의 낭비다. '짜증, 분노, 불안 등' 스트레스에 따라붙는 감정들은 한판 싸우거나 폭풍처럼 빠르게 도망치기 위한 에너지의 예비 분출, 몸을 데우기 위한 예열에 지나지 않는다. 이 예열이 사라지지 않으면 결국 그 불길은 자신을 향하게 될 것이고 그 결과는 뻔하다.

그 열과 불길을 잡는 것이 부교감신경이고 그 신경을 깨워내고 불러내는 것이 명상 수련이다. 부교감신경이 확고하게 우세한 상태로 지내면 그런 부정적인 감정의 발생이 상당히 줄어들게 된다.

사람이 어떤 감정 상태인가에 따라서 몸은 싸우거나 휴식하거나 하는 상태로 변화하는데 그 길목에서 통제하는 것이 자율신경이다. 자율신경을 스스로 조절할 수 있으면 자신의 감정을 다스릴 수 있다. 100점 만점은 불가능하겠지만 그 점수를 단 0.01점 정도씩이라도 높여가려는 노력이 중요하다. 단지 규칙적이고 반복적인 명상 수련의 시간만 필요할 뿐이다.

11 ◗

명상은
생산성을 높여준다

미국의 IT 기업을 대표하는 애플(apple)의 창업자인 스티브 잡스가 명상을 해왔다는 것은 매우 유명한 이야기이다. 최근에는 전 세계 최고의 빅테크 기업 구글(google)에서 자체적인 명상 수련프로그램을 개발해서 직원들에게 제공하고 있다. 또 다른 빅테크 기업 트위터(twitter)의 창업자는 자신의 생산성을 위해 매일 1시간씩 명상을 하고 있다고 한다. 일본 재계를 대표하는 기업가인 쿄세라 그룹의 창업자 이나모리 가즈오 회장은 그 자신이 승려 생활을 한 적이 있을 정도로 명상에 정통한 수련자이기도 하다.

기업인들뿐만이 아니라 프로 운동선수들 중에서도 명상을 수련하는 사람들이 많다. 미국 메이저리그에서 뛰었던 일본의 이치로도 명상을 하며 우리나라의 박찬호도 메이저리그에서 전성기를 누리던 시절에 명상을 수련하였다고 한다.

연예인들 중에서도 명상 수련자가 꽤 있다. 매년 벌어들이는 돈이 거의 어지간한 기업 수준인 미국의 토크쇼 진행자 오프라 윈프리도 명상을 수련한다. 앞에서 얘기했듯이 영국의 전설적인 밴드인 비틀즈(The Beatles)의 멤버 존 레넌, 폴 매카트니 등이 초월명상을 수련하여 대중적으로 명상이 알려지는 계기가 되기도 했었다. 무려 1960년대의 얘기이다.

이렇게 탁월한 능력과 인지도를 보유하고 엄청난 돈을 벌어들이는 사람들 중 명상을 수련하는 사람들이 꽤 많다는 것은 명상이 주는 생산성의 효과를 증명해 주는 것이라고 볼 수 있다.

특히 실리콘밸리의 거대 IT 기업들이 직원들에게 명상 수련프로그램을 제공해 주는 것은 명상이 얼마나 생산성을 높여주는 것인지 확실하게 보여준다. 전 세계에서 난다 긴다 하는 실력자들이 모인 실리콘밸리에서 일하는 직원들이 명상을 통해 집중력과 통찰력을 높이고 피로와 스트레스를 제거하는 등 효율을 높이는 방법으로 명상을 수련하고 있는 것이야말로 명상이 가진 생산성의 위력을 증명하는 것이다.

명상을 수련해 보면 이런 효과는 스스로 느낄 수 있을 만큼 강력하다. 나도 지금 이렇게 내 전공이나 업무와 전혀 무관한 명상에 대해서 1권의 책을 쓸 수 있었던 것도 내가 수년간 명상 수련을 꾸준히 해왔기에 가능했다고 새삼 느끼고 있다.

장기간 공부를 하거나 연구를 하는 사람들, 몸으로 자신의 가치를 증명하는 운동선수들이나 전문가들, 직장인, 사업가 등 누구에게나 명상은 생산성을 높여줄 수 있다. 단지 매일 수련하고 꾸준히 계속하면 된다. 아주 단순하다. 땀이 배신하지 않는 것처럼 명상도 결코 배신하지 않고 더 나은 능력과 더 좋은 몸과 마음을 선물해 준다.

: 자율신경의
균형이 중요하다

 이 책은 만성적인 스트레스에 압도당하여 살아가는 사람들이 명상이라는 간단한 무기를 익혀서 스트레스를 이겨낼 수 있도록 돕자는 취지로 쓴 것이다. 이렇게 명상 수련으로 만성적 스트레스를 이겨내는 방법과 원리를 설명하였는데 누구나 사람의 몸을 가지고 있다면 충분히 해낼 수 있는 일이다.

 사실 스트레스 그 자체는 나쁜 것이 아니다. 스트레스 반응이라는 폭발적인 투쟁-도피 능력이 있었기에 우리 인류가 살아남을 수 있었고 우리 개개인도 위험한 상황에 대처하면서 살아갈 수 있는 것이다. 다만 현대의 생활에서 이런 스트레스 반응이 너무 자주 일어나고 우리가 그것을 제어하는 방법을 모르기에 문제가 될 뿐이다. 명상을 수련하면 스트레스 반응을 제어하는 능력을 가지게 되므로 스트레스는 문제가 되지 않을 것이다.

만성적인 스트레스는 '피로'를 만든다.

만성적인 스트레스가 삶의 질을 떨어뜨리는 또 하나의 고리는 '피로감'이다. 매우 역설적이지만 오래된 전쟁에 시달린 군대를 생각해 보면 이해하기 쉽다. 전쟁이 길어지면 사망자와 부상자가 다수 발생하고 살아남은 군인들도 지쳐간다. 여기에 무기와 군수물자도 모자라고 심하면 식량도 부족할 것이다. 전투력이 고갈되어 바닥을 치는 것이다.

만성적인 스트레스에 오랜 기간 시달린 사람의 몸이 마치 이렇게 장기간 전쟁에 시달린 군대와 비슷해서 정작 폭발적으로 힘을 써야 하는 상황에서 무기력해진다. 나도 그랬었지만 만성적인 스트레스에 시달리는 사람들은 대개 오전부터 피로감을 느낄 것이다.

먼저, 만성적 스트레스가 만든 피로의 극복 단계를 지난다.

만성적인 스트레스에 시달려온 사람들은 명상 수련으로 이완반응을 끌어내면서 이런 피로감이 말끔히 사라지는 상쾌한 경험을 하게 된다. 처음에는 그런 피로감의 제거가 일시적인 것인데 수련이 반복되고 3~4개월 정도 지나면 상당히 나아지는 것을 느낄 수 있다.

명상 수련을 처음 시작하면 살면서 처음 맛보는 이완반응 특유의 달달하고 깊은 휴식과 온몸에서 느껴지는 시원하고 저릿저릿한 이완감에 푹 빠질 수 있다. 때로는 온몸에서 말로는 표현하기 힘든, 희열감에 가까운 강렬한 쾌감을 맛볼 수도 있다. 나쁘지 않은 일이다. 제대로 명상을 하고 이완반응을 의도대로 잘 끌어내게 되면 누구나 이런 경험을 할 수 있다.

이런 달달한 휴식과 이완감에 빠지면 다른 것들, 특히 몸을 움직이는 운동 같은 일체의 행위들에 게으름을 피우게 된다. 나도 명상을 처음 맛보고 나서는 걷기 운동을 아예 하지 않게 되었었다. 그런데 약 3~4개월 정도는 이런 게으름이 어떤 면에서는 오래된 피로를 극복하기 위한 자기 치유와 도피의 과정이기에 필요하기도 하다. 그리고 바로 이때쯤에 명상으로 모든 것을 해결할 수 있을 것 같은 자신감이 생기는데 그것은 착각이다. 또 다른 문제가 생길 수 있다.

부교감신경이 우세한 상태가 계속되면 무기력증을 불러온다.

앞에서 얘기한 스트레스성 피로를 제거하고 극복하는 경험을 하면서 명상 수련자는 더욱 명상에 확신을 가지고 더 열심히 수련하게 된다. 내가 명상 수련 초기부터 써왔던 수련일지를 확인해 보면 나도 그때쯤부터 더 열심히, 하루에 두 번씩 수련했던 것이 확인된다. 그런데 이것이 스트레스성 피로와는 또 다른 에너지 부족 상태를 만들 수 있다.

경험자로서 결론부터 말하자면, 바로 그때쯤부터 '강한 운동'을 결합해야 한다. 그래야 무기력증을 예방할 수 있다. 명상 수련이 만들어내는 이완 상태에 푹 빠져있으면 부교감신경이 우세한 상태로 접어들게 되고 계속 그 상태에 머물고자 하는 욕구가 생긴다. 그런데 이런 상태가 계속되면 몸이 축축 늘어지게 되고 뭔가 하고자 하는 의욕이 잘 생기지 않으면서 한없이 게을러지기 쉬워지는데 이것이 삶의 활력을 떨어뜨린다.

자율신경의 균형을 위해서 스트레스 반응(운동)이 필요하다.

원할 때 원하는 만큼 몸을 움직이는 힘, 즉 활력을 유지하고 높이기 위해서는 몸에서 폭발적으로 일어나는 '스트레스 반응'이 꼭 필요하다. 스트레스 반응을 주도하는 교감신경계는 사실 우리가 살아가는 활력의 원천이다. 이것이 운동이 필요한 이유이며 운동은 '의도된 스트레스 반응'이라고 할 수 있다.

흔히 의학자들이 쓴 글을 보면 인간의 자율신경을 자동차의 액셀과 브레이크의 관계에 비유하는 표현을 볼 수 있다. 스트레스 반응을 주도하는 교감신경은 액셀에 비유되고, 이완반응을 주도하는 부교감신경은 브레이크에 비유된다.

자동차는 액셀도 중요하고 브레이크도 중요하다. 브레이크가 고장난 자동차는 위험하고 액셀을 밟아도 잘 나가지 않는 차는 시원치 않다. 달릴 때는 잘 나가고 필요할 때는 잘 멈추는 것이 좋은 차이다. 사람의 몸도 그렇다. 뭔가를 할 때는 힘을 내서 잘 움직이고 쉴 때는 잘 쉬어지는 것이 좋은 몸이다.

차도 오래 세워두고 달리지 않으면 잘 나가지 않는 것처럼 오로지 명상 수련에 몰두하고 정적인 생활로 일관하며 운동을 하지 않으면 엔진 출력이 심하게 저하된 자동차처럼 무기력해질 수 있다. 따라서 다소 강한 정도의 운동을 결합해서 매일 명상 수련과 같이 해나가면 '활력도 높고 이완도 잘 되는', 즉 '할 때는 확실히 하고 쉴 때는 확실히 쉬는' 상태로 살아갈 수 있다.

이렇게 자율신경(교감신경–부교감신경)이 균형을 이루고, 낮에는 교감신경이 가동될 필요가 있을 때 필요한 만큼 활성도가 높아지고 밤에는 부교감신경의 활성도가 높게 유지되어 잠을 잘 잘 수 있게 되는, 낮과 밤의 교대가 잘 이루어지는 생활이 가장 이상적이다.

감사의
말씀 ◗

이 책을 끝까지 읽고서 지금 이
〈맺는말〉까지 읽고 있는 누군가가 계시다면 허리 깊이 숙여 감사의 말
씀을 드리고 싶다. 짧고 부실한 글이지만 직장생활을 하면서 이마저도
써오기가 그리 쉽지는 않았기 때문이다.

아울러, 얼굴도 모르지만 지식을 나누어 주신 수많은 책의 저자들
과 번역자들에게 깊은 감사의 말씀을 드린다. 덕분에 장님 코끼리 만
지듯이 오랜 세월 하나하나 손으로 더듬어서 명상에 대해 전체 그림
을 알 수 있게 되었고 책을 한 권 쓰는 보람을 맛보게 되었다.

이 책은 명상을 수련하고 계속해 가고자 하는 사람들에게 전하는
나의 경험과 학습의 알맹이들이다. 부디 꼭꼭 씹어서 단물들을 빼먹

기를 바란다. 더불어서 이 책에 뭔가 모자라고 미진한 부분이 있다면 양해하여 주시기를 바란다.

　나름 오랜 기간 명상을 해오고, 스트레스와 명상에 대한 책들과 자료들을 보면서 안타까운 마음을 느낄 때가 많았다. 우리가 사는 사회가 조금만 더 사회적 약자들의 스트레스 예방과 해소에 관심을 기울이고 법적 시스템을 만들어왔다면 많은 피해자들을 보호할 수 있었을 것이라는 안타까움이었다.

　다행히도 감당하기 힘든 '미개하고 야만적인 갑질'의 스트레스로부터 '감정 노동자'들 같은 사회적 약자들을 보호하기 위한 법이 시행되는 것을 보면서 그나마 희망이 보인다는 생각도 든다. 그러나, 세상은 여전히 스트레스가 넘쳐나고 당장 이런 세상에서 자신의 몸을 지키는 것은 각자 스스로의 몫이다.

　누구나 이 책을 통해 명상과 이완의 기술을 익혀서 스트레스로부터 자신의 몸을 보호하는 데 도움이 되기를 바란다. 이것은 누구나 할 수 있는 것이다. 나도 충심으로 여러분을 응원하겠다.

2022년 3월
지은이
성 진 수

명상 1.0

초판 1쇄 발행 2022. 3. 25.

지은이 성진수
펴낸이 김병호
편집진행 김수현 **|** **디자인** 김민지

펴낸곳 주식회사 바른북스
등록 2019년 4월 3일 제2019-000040호
주소 서울시 성동구 연무장5길 9-16, 301호 (성수동2가, 블루스톤타워)
대표전화 070-7857-9719 **경영지원** 02-3409-9719 **팩스** 070-7610-9820
이메일 barunbooks21@naver.com **원고투고** barunbooks21@naver.com
홈페이지 www.barunbooks.com **공식 블로그** blog.naver.com/barunbooks7
공식 포스트 post.naver.com/barunbooks7 **페이스북** facebook.com/barunbooks7

· 책값은 뒤표지에 있습니다. **ISBN** 979-11-6545-670-2 03180

바른북스는 여러분의 다양한 아이디어와 원고 투고를 설레는 마음으로 기다리고 있습니다.